2021年第1辑（总第9辑）

FINANCIAL SCIENCE

对外经济贸易大学金融学院　编

中国金融出版社

责任编辑：黄海清

责任校对：李俊英

责任印制：陈晓川

图书在版编目（CIP）数据

金融科学 . 2021 年 . 第 1 辑 / 对外经济贸易大学金融学院编 . —北京：中国金融出版
社，2021. 5

ISBN 978 - 7 - 5220 - 1035 - 9

Ⅰ. ①金… Ⅱ. ①对… Ⅲ. ①金融学—文集 Ⅳ. ①F830 - 53

中国版本图书馆 CIP 数据核字（2021）第 032937 号

金融科学 . 2021 年 . 第 1 辑

JINRONG KEXUE. 2021 NIAN. DI 1 JI

出版
发行　中国金融出版社

社址　北京市丰台区益泽路 2 号

市场开发部　（010）66024766，63805472，63439533（传真）

网 上 书 店　www. cfph. cn

　　　　　　　（010）66024766，63372837（传真）

读者服务部　（010）66070833，62568380

邮编　100071

经销　新华书店

印刷　北京七彩京通数码快印有限公司

尺寸　185 毫米 ×260 毫米

印张　7. 25

字数　165 千

版次　2021 年 5 月第 1 版

印次　2021 年 5 月第 1 次印刷

定价　39. 00 元

ISBN 978 - 7 - 5220 - 1035 - 9

如出现印装错误本社负责调换　联系电话(010)63263947

目　录

李学峰　潘雨洁　　　　单基金管理与"一拖多"管理的效率研究　　　（1）

蔡庆丰　黄振东　霍鹏光　机构调研会激发企业创新吗?

　　　　　　　　　　——基于资本市场与上市公司信息交互的研究视角

　　　　　　　　　　　　　　　　　　　　　　　　　　　　（36）

朱　超　易　祯　刘宇霄　"人心思稳"

　　　　　　　　　　——盈余惯性的异质性解释　　　　　　　（59）

韩　晗　　　　　　　　新货币主义经济学研究进展　　　　　　　（95）

单基金管理与"一拖多"管理的效率研究

◎李学峰　潘雨洁①

内容摘要：近年来，基金市场"一拖多"管理模式的普遍化引发了国内外学者的广泛关注。本文从主动开放式的偏股型基金中筛选出一个基金经理管理多只基金的"一拖多"基金以及一个基金经理管理单一基金的情况，采用数据包络分析法和主成分分析法对两类基金进行效率差异研究。实证结果表明单基金管理样本的综合效率、纯技术效率和规模效率均优于"一拖多"基金；进一步，本文推断检验出影响基金效率差异的主要原因可能是基金经理的管理能力因子。论文据此得出了研究启示与政策建议。

关键词："一拖多"管理；单基金管理；效率比较；管理能力

一、引言

在国内基金市场蓬勃发展的背景下，除了常见的单基金管理模式（一个基金经理单独管理一只基金）和团队管理模式（两个或两个以上的基金经理同时管理一只基金）之外，"一拖多"基金模式越来越普遍。本文所指的"一拖多"，是指单个基金经理同时管理两只或两只以上的基金。"一拖多"又称多基金管理。在基金产品迅速扩容的背景下，基金经理人才匮乏、"供不应求"的状况是导致市场中"一拖多"情况出现的主要原因。

随着"一拖多"基金模式在市场中越来越流行，由其引发的种种问题也受到了市场和财经媒体的关注。根据研究机构对"一拖多"基金定期报告的分析，部分"一拖多"模式下基金存在重仓股重合度很高的现象，当面临个股风险时基金经理难以及时作出反应②；岑小瑜（2016、2017a、2017b）分别对诺安基金公司、信诚基金公司、交银施罗德基金公司的情况进行了分析。诺安基金公司在2016年上半年整体亏损达到11.72亿元，旗下基

---

① 作者简介：李学峰，南开大学金融学院，教授，研究方向：资本市场与行为金融。潘雨洁，南开大学金融学院，硕士，研究方向：资本市场与行为金融。

基金项目：天津哲学社会科学规划一般项目（TJYJ18 - 003）的阶段性研究成果。

② 魏冬（2013）认为，国内基金经理的数量远不能达到市场发展的需要是"一拖多"现象日益突出的重要原因。2014年3月20日财经聚焦新闻《基金经理频繁更迭，谁来守护基金的稳定业绩？》一文更是引发热议，上百位基金经理发生变更，由此导致的人才告急情形引发了市场中早已存在的"一拖多"现象的普遍化。

金业绩表现呈现两极化趋势，多只基金在同类基金产品中排名靠后；信诚基金公司旗下数只基金面临清盘风险，而公司整体规模相比同期成立的其他基金规模增长尤其缓慢，旗下基金业绩分化明显；交银施罗德基金公司面临人才流失危机，造成"一拖多"现象严重，基金经理单独管理的基金持股重叠率极高，数只基金甚至扎堆某些个股。这3家基金公司的共同问题是普遍采用"一拖多"的基金管理方式①。

国内外有少数学者对于单基金管理模式与"一拖多"基金管理模式进行了比较研究（详见下文的文献综述），但这些研究仅考察了基金绩效方面，且得出的绩效差异结果存在分歧，部分学者认为单基金绩效更高，而另一部分学者认为"一拖多"基金绩效更高，导致我们实际上无法对两种模式的差异和优劣给出明确的界定与判断。而从实践上看，作为投资的结果——绩效，是会受到人为干扰或操纵的，如现实中每当绩效考核期截止前经常发生的多只基金"扎堆取暖"和不同基金之间"抬轿子"；然而从理论上看，作为投资结果的绩效，实际上是由基金管理的过程——效率所决定的。作为投资管理过程的效率则很少受到故意操纵——没有人不希望自己的效率较高。但现有的文献并没有对单基金管理模式和"一拖多"模式的效率进行比较研究与揭示。

本文创新性地对单基金管理模式与"一拖多"管理模式进行效率的比较研究。本文旨在通过建立DEA相对效率模型和运用主成分分析法对单基金管理及"一拖多"基金模式下主动偏股型基金进行效率评估，并解释不同管理模式存在效率差异的主要原因，从而填补两种管理模式在效率比较研究上的空白，并由此为基金公司更为科学地选择基金管理模式、改进基金管理效率，以及基金持有人更好地选择基金提供研究启示。

本文余下部分的结构安排如下：第二部分为文献综述，对"一拖多"基金模式、相对效率评价体系等方面的研究进行评述；第三部分为模型设计，包括基金DEA相对效率模型和主成分分析法；第四部分为实证研究的结果与分析；第五部分为不同管理模式基金效率差异原因的统计检验和分析；第六部分为本文的研究结论与启示。

二、文献综述

对于"一拖多"基金管理模式的研究近几年才刚刚开始。国外学者对两种管理模式绩效差异的研究给出了不一致的结论：Cici等（2010）认为同时管理共同基金和对冲基金会导致利益冲突，基金经理可能由于精力有限而仅偏好一只基金，或利用低价值基金向高价值基金进行利益输送；与Cici（2010）不同的是，Nohel和Zheng（2010）发现管理多只共同基金的基金经理的表现优于共同基金行业的同行，α系数每年高1.07%～1.64%。而Yadav（2011）从"一拖多"基金经理的投资组合管理策略切入，根据多任务管理基金的

① 诺安基金公司旗下的基金经理，超过半数管理着2只及以上基金产品，谢志华经理管理多达14只基金；信诚基金公司作为成立了12年的老基金公司，旗下有17位基金经理，管理多达73只公募基金，平均每人管理4.3只基金，其中杨旭经理单独管理14只基金，和其他基金经理共同管理5只基金；交银施罗德基金公司旗下芮晨经理单独管理的基金中有3只基金业绩在同类基金跌幅中排名前10。

持股重合度将基金经理分为低匹配和高匹配两类,高匹配经理业绩表现显著优于低匹配经理①。

Agarwal 和 Ma(2010)发现,能够成为“一拖多”基金经理的前期业绩通常较他人更好。在此基础上,Chen 和 Lai(2012)实证发现“一拖多”基金经理存在“努力替代”,即基金经理把时间和精力从旧基金转移到新基金的行为。进一步,Agarwal 等(2013)发现旧基金的业绩会下降而新加入基金的业绩会得到改善,即存在业绩转移问题。

国内对于“一拖多”基金的研究非常少,彭文平和陈延(2015)证实了我国也存在“一拖多”管理模式下的业绩转移现象,即基金经理以牺牲老基金为代价,将业绩转移给新基金,其原因是基金经理的“努力替代”。

总的来说,已有的文献基本是关于单基金管理与“一拖多”管理的绩效比较研究,而没有关注决定绩效结果的管理效率。更为重要的是,一方面已有研究对于单基金与“一拖多”模式的绩效并没有给出一致性的结论,另一方面无论是已有研究所发现的“努力替代”还是绩效转移,都是“一拖多”模式下新老基金之间的业绩转换,其转换后的净收益是高于、等于还是低于单基金模式无法定论。这就导致我们实际上无法对两种模式的差异和优劣给出明确的界定与判断。因此,本文选择的研究方向是单基金管理与“一拖多”管理的效率比较。

就管理效率的评价来看,Chaenes 等(1978)提出了非参数统计方法——数据包络分析(DEA),包括了规模报酬不变的 CCR 模型和规模报酬可变的 BCC 模型;Murthi 等(1997)首次将 DEA 应用到共同基金的绩效衡量当中,构造了新的基金业绩评价指数 DPEI,发现 DEPI 与 Sharpe 指数、Jensen 指数成正相关关系;Sedzro 和 Sardano(1999)运用 DEA 模型、Sharpe 指数和晨星比率进行比较,实证检验发现三种评价方法得到的基金有效性在排列上具有密切相关性②。

国内学者陈刚(2003)得出了与 Jensen 指数差距相当大的相对效率结果,认为相对效率方法在运用上不受收益为负值等因素与市场行为假设的影响;罗洪浪等(2003)认为单位交易成本是影响基金效率的重要因素;赵承黎等(2007)创新性地把 DEA 模型与因子分析法相结合,实证结果显示大部分基金效率差距不大,基金的营运成本过高、资本投入过大等是基金无效的主要原因。李学峰等(2009)也利用 DEA 效率评估模型对我国基金的运行效率进行了评估。

本文结合中国基金市场实际情况,采用 DEA 相对效率评价模型对于单基金和“一拖多”基金效率进行实证检验,并进一步找到影响效率差异的主要因素,为未来对于两种管理模式的比较研究,以及现实中基金公司选择管理模式、改进基金管理效率,基金持有人选择基金提供一定的启发。

---

① 这对于上述文献所发现的不同绩效结果给出了一定的解释:高匹配的基金经理使“一拖多”的绩效更高,而低匹配的基金经理则可能导致更低的绩效。

② Basso 和 Funari(2001)也证明了 DEA 模型与 Sharpe 指数、Treynor 指数等具有一致性。

三、研究设计

数据包络分析（Data Envelopment Analysis，DEA）是分析多输入、多输出决策单元（Decision Making Units，DMU）间相对效率的非参数方法，主要依托帕累托最优思想，通过数量分析、线性规划、计量软件得出最优策略。

DEA 第一个经典模型是 CCR 模型。假设有 n 个决策单元 DMU_1，DMU_2，…，DMU_n，这 n 个决策单元 DMU_j $(1 \leq j \leq n)$ 具有可比性。每个 DMU 都有 m 种投入和 s 种产出。每个决策单元 DMU 有输入向量 $X_j = (X_{1j}, X_{2j}, \cdots, X_{nj})^T$，输出向量 $Y_r = (Y_{1j}, Y_{2j}, \cdots, Y_{rj})^T$，$X_{ij}$ 为 DMU_j 第 i 种输入的投入量，Y_{rj} 为 DMU_j 第 r 种输出的产出量 $(j = 1, 2, \cdots, n; i \in 1, 2, \cdots, m; r \in 1, 2, \cdots, s)$，本文采用投入导向的 DEA 模型。

其投入规划模型（CCR）为

$$\text{s.t.} \begin{cases} \min\theta \\ \sum_{j=1}^{n} \lambda_j X_j + S^- = \theta X_{j0} \\ \sum_{j=1}^{n} \lambda_j Y_j - S^+ = Y_{j0} \\ \lambda_j \geq 0, j = 1,2,\cdots,n \\ S^+ \geq 0, S^- \geq 0 \end{cases} \tag{1}$$

其中，θ 为评价决策单元的有效值（投入相对于产出的有效利用程度），$0 < \theta \leq 1$；S^- 和 S^+ 是松弛变量和剩余变量。CCR 模型中的最优目标 θ 表示决策单元的投入要同比例减少所能达到的最低值。$\theta = 1$，表示决策单元至少一个投入要素已经达到最低限，不能再减少，此时该 DMU_j 处于有效状态；$\theta < 1$ 说明 DMU_j 的投入要素还能减少，此时该 DMU_j 处于无效状态，θ 越小说明投入要素可压缩的余地越大。λ_j 为投入产出指标的线性组合。

投入导向的 BCC 模型：

$$\text{s.t.} \begin{cases} \min\theta \\ \sum_{j=1}^{n} \lambda_j X_j + S^- = \theta X_{j0} \\ \sum_{j=1}^{n} \lambda_j Y_j - S^+ = Y_{j0} \\ \sum_{j=1}^{n} \lambda_j = 1, \lambda_j \geq 0, j = 1,2,\cdots,n \\ S^+ \geq 0, S^- \geq 0 \end{cases} \tag{2}$$

在规模报酬不变情况下（CCR 模型）得到的 θ 是综合效率，在规模报酬可变情况下（BCC 模型）得到的 θ 是纯技术效率。综合效率反映了基金管理纯技术水平和规模水平的综合绩效水平，其中纯技术效率反映的是基金的管理技术水平，规模效率反映了基金的规模水平。当三个效率值均等于 1，说明基金管理总体有效；当纯技术效率和规模效率值其中一个等于 1，说明基金管理弱有效；当纯技术效率和规模效率值都不等于 1，说明基金管理无效。

四、效率模型实证检验

（一）DEA 投入、产出指标的预选取

本文将构建 DEA 相对效率模型，并利用主成分分析法进行投入和产出指标的提取，对筛选出符合定义的两种基金管理模式下的基金样本进行相对效率评估。在选择指标时，结合 DEA 相对效率模型的特征，从多层面选取影响基金效率的投入指标和产出指标。

本文选择的投入、产出指标共 11 个[①]，投入指标包括以下三类：（1）基金风险的衡量指标：收益标准差（非系统性风险）和 β 系数；（2）基金经理个人能力的衡量指标：选股能力指标[②]、选时能力指标[③]、跟踪误差[④]指标和信息比率指标；（3）基金的资产配置情况指标：行业集中度[⑤]和投资集中度[⑥]。产出指标包括以下三类：（1）基金收益的衡量指标：基金累计单位净值增长；（2）基金规模的衡量指标：基金规模增长；（3）风险调整后收益：Treynor 指数。由于在实证部分中选取的主动开放式的偏股型基金样本的费用指标数值完全一致，根据之后将进行的主成分分析（PCA 方法）的特征，不将费用指标作为投入指标。产出、投入指标的具体测度方法见附表 1。

（二）主成分分析法选取指标

为避免指标之间存在高度相关性，在构建 DEA 模型前首先对投入和产出指标进行显著性筛选，通过主成分分析法进行降维处理，提取主成分因子，得到的主成分为综合投入和产出指标。

由于 DEA 模型的特殊性，在构建模型之前需要对投入及产出指标进行负值正向化处理，本文依据的是功效系数法，公式如下

$$Z'_{ij} = 0.1 + 0.9 \, \frac{Z_{ij} - \min Z_{ij}}{\max Z_{ij} - \min Z_{ij}} \tag{3}$$

其中，$\max Z_{ij}$ 是第 j 个指标的最大值，$\min Z_{ij}$ 是第 j 个指标的最小值。

本文选择的指标属性并不完全一致，存在逆指标即指标值越高基金效率越低。因此本

---

① 参考 Kocher 等（2006），决策单元（DMU）的数量不低于投入和产出指标数量的三倍。本文符合指标选取的标准。

② 参考 Alexander 和 Stover（2004），基金表现出一定的选股能力。Wermers（2000），基金经理人的选股能力是证券投资收益的重要组成部分。

③ 参考 Kumar（2012），基金经理具有显著的选时能力和择股能力。

④ 参考 Peter 和 Pradeep（1994），跟踪误差作为各期超额收益时间序列的总体指标仍有需改进之处。

⑤ 参考 Kacperczyk 等（2005），行业集中度能够部分解释主动型基金的业绩表现，更高的行业集中度对应着更高的基金业绩。

⑥ 参考 Chevalier 和 Ellison（1997），由于代理问题的存在，投资集中程度对业绩无显著正向的影响。

文对逆指标采取倒数形式①。

（三）样本选择和数据选取

本文的研究对象是我国主动开放式的偏股型基金，包括股票型和偏股混合型基金。为了研究的严谨性，对基金效率的研究一般要求样本基金有 3 年或 3 年以上的历史数据，本文选取了成立于 2015 年 12 月 31 日之前的主动开放式的偏股型基金作为候选样本基金。本文选取的基金效率观察区间为 2015 年 12 月 31 日至 2018 年 12 月 31 日，从 Wind 金融资讯的基金市场板块中获取基金相关数据。结合所选取的投入、产出指标，剔除特征变量不全的基金样本，剩余共 622 只主动偏股型基金样本。根据样本的现任基金经理（2018 年 12 月 31 日）与历任基金经理数据，仅保留在观察期范围内始终由同一位基金经理单独管理的基金样本，最终共筛选出符合定义的 210 只基金样本。在 210 只基金样本中，观测期内始终为单基金管理模式基金的共 136 只，对应 136 位基金经理；观测期内始终为"一拖多"基金的共 74 只，对应 36 位基金经理。

本文的数据来源于 Wind 金融资讯，计量软件主要是 SPSS22.0、DEA2.1、Stata。

（四）投入、产出指标处理

将预处理后的投入、产出指标数据分别进行 KMO（Kaiser Meyer Olkin）测度和 Bartlett 球形检验（Bartlett Test of Sphericity）。KMO 统计量反映了变量之间的相关性程度。通常情况下，KMO > 0.6 表示数据适合作主成分分析。Bartlett 球形检验的原假设为系数矩阵是单位矩阵，如果 p 值小于显著性水平 0.05，表示指标之间有相关性，可以作主成分分析。

对投入、产出指标进行降维处理，得到 Bartlett 球形检验统计量分别为 1308.852 和 189.212，并且 p 值均小于 0.05，所以拒绝原假设，可以作主成分分析。

由表 1 可见，前三个因子的累计解释总方差为 73.578%，反映了大多数的信息，所以选择前三个因子作为投入主成分因子。

表1 投入指标解释总方差

成分	初始特征值			提取平方和载入		
	合计	方差的%	累加%	合计	方差的%	累加%
1	3.354	41.929	41.929	3.354	41.929	41.929
2	1.477	18.457	60.386	1.477	18.457	60.386
3	1.055	13.192	73.578	1.055	13.192	73.578
4	0.804	10.05	83.628			
5	0.762	9.528	93.156			
6	0.469	5.865	99.021			
7	0.059	0.737	99.758			
8	0.019	0.242	100			

进一步，根据表 2，在成分 1 下，收益标准差、β 系数有较高载荷，这些指标反映的

---

① 参考钞小静和惠康（2009），如果对不同性质指标直接加总会得到错误的综合结果，在进行主成分分析时需要首先改变逆指标数据的性质，使所有指标对经济增长质量的作用力同趋势化。方法是对逆指标采取倒数形式。

是基金的风险特征，于是把成分1命名为风险因子 $Z1$；在成分2下，选时能力、选股能力具有较高载荷，反映的是基金经理的管理能力，因此把成分2命名为管理能力因子 $Z2$；在成分3下，投资集中度有较高载荷，反映的是基金资产配置的风格特征，由此把成分3命名为配置风格因子 $Z3$。

表2   主成分（因子载荷）矩阵

指标	成分		
	1	2	3
投资集中度	−0.312	−0.115	0.772
行业集中度	0.48	0.394	−0.377
收益标准差	−0.912	−0.054	−0.089
β	−0.808	−0.007	−0.268
选时能力	0.232	0.722	0.401
选股能力	0.456	−0.826	−0.035
信息比率	0.827	−0.259	0.216
跟踪误差（正）	0.772	0.187	−0.169

根据表3，可以得到各投入指标的得分系数，由此可知每个主成分下的主要影响因素。

表3   主成分（因子）得分系数

指标	成分		
	1	2	3
投资集中度	−0.093	−0.078	0.732
行业集中度	0.143	0.267	−0.358
收益标准差	−0.272	−0.037	−0.084
β	−0.241	−0.005	−0.254
选时能力	0.069	0.489	0.38
选股能力	0.136	−0.559	−0.033
信息比率	0.247	−0.176	0.205
跟踪误差（正）	0.23	0.127	−0.16

由表4可见，第一个因子的累计解释总方差为64.73%，反映了大多数的信息，所以选择第一个因子为产出主成分因子。

表4   产出指标解释总方差

成分	初始特征值			提取平方和载入		
	合计	方差的%	累加%	合计	方差的%	累加%
1	1.942	64.73	64.73	1.942	64.73	64.73
2	0.8	26.66	91.39			
3	0.258	8.61	100			

最终得到了风险因子、管理能力因子和配置风格因子三个投入主成分因子和一个产出

主成分因子，进行下一步实证分析。

（五）两种基金管理模式基于 DEA 模型的有效性分析及解释

本文使用 DEAP2.1 软件计算每只基金的相对效率，从而比较两种不同基金管理模式下相对效率的差异。计算结果显示①，对于 210 个总体样本，综合效率均值为 0.521，纯技术效率均值为 0.681，规模效率均值为 0.767。达到综合效率均值的有 91 只基金样本，占比为 43.33%。其中上投摩根新兴动力 A、易方达消费行业、中海消费主题精选、中欧时代先锋 A 共 4 只基金的综合效率均值为 1，即有效，全部为单基金样本。

对于样本中的 136 只单基金样本，综合效率均值为 0.5279，纯技术效率均值为 0.6830，规模效率均值为 0.7720。其中达到总体综合效率均值的有 61 只基金样本，占比为 44.85%。

对于样本中的 74 只"一拖多"基金样本，综合效率均值为 0.5084，纯技术效率均值为 0.6762，规模效率均值为 0.7569。其中达到总体综合效率均值的有 31 只基金样本，占比为 41.89%。

总体而言，单基金的基金综合效率较"一拖多"基金的综合效率更高，在纯技术效率和规模效率方面，单基金都要好于"一拖多"基金。

进一步地，本文将对 DEA 无效的决策单元作差额变量分析，寻找相对无效的原因。从松弛变量和剩余变量的分布和大小可以分析出影响不同管理模式下基金效率评价结果存在差异的主要因素②。

松弛变量值显示③，风险因子和配置风格因子中仅有 4 只基金存在松弛变量且数值很小，说明二者不是影响基金效率有效性的主要原因。而管理能力因子中有 13 只基金④存在松弛变量且数值较大，说明基金经理的管理能力可能是影响基金效率有效性的主要原因。那么单基金与"一拖多"基金效率存在差异可能是基金经理的管理能力导致的。当基金经理同时管理多只基金时，并不能在每只基金的管理上都体现出良好的管理能力，相反有可能因为精力分散而导致能力的分散与下降。

剩余变量值见表 5。由表 5 可见，单基金样本存在剩余变量的有 21 只，"一拖多"样本存在剩余变量的有 13 只，"一拖多"样本存在剩余变量的数量相对更多。对于相对无效的基金，可以根据 DEA 的"投影理论"和对应的松弛变量值和剩余变量值得到改进效率

---

① 由于涉及多只基金，表格数据量极大，限于篇幅，将 DEA 有效性分析结果放在附表 2，有需要的读者请与作者联系索取。

② 参考罗洪浪等（2003），通过对封闭式基金松弛变量和剩余变量进行分析，寻找影响基金效率的重要因素的方法。

③ 由于涉及多只基金，表格数据量极大，限于篇幅，将基金松弛变量汇总放在附表 3，有需要的读者请与作者联系索取。

④ 由于 DEA 为相对效率方法，在基金样本较多的情况下，部分样本效率过低，导致其他样本虽存在松弛变量但在归 1 显示时均为 0，只有表现最差的样本才能显示出松弛变量。参考罗洪浪等（2003），利用某一指标对应的松弛变量相对更多来判断指标对于基金效率的影响程度。在本文中，管理能力因子的数量是其他两个因子的三倍，说明管理能力因子更加有影响力。

的途径、幅度以及各个投入指标和产出指标的目标值。

表 5　　　　　　　　　　　　　剩余变量汇总

DMU	主成分产出指标	DMU	主成分产出指标
博时新兴成长	0.108	南方盛元红利	0.04
富国天惠精选成长 A	0.015	上投摩根阿尔法	0.025
工银瑞信主题策略	0.004	上投摩根智慧互联	0.033
国泰金龙行业精选	0.03	申万菱信竞争优势	0.018
国泰金牛创新成长	0.01	泰达宏利首选企业	0.051
国泰中小盘成长	0.007	泰信蓝筹精选	0.057
华宝新兴产业	0.001	泰信中小盘精选	0.022
华夏盛世精选	0.093	天治核心成长	0.081
汇添富环保行业	0.036	信诚深度价值	0.019
汇添富社会责任	0.015	易方达国防军工	0.131
嘉实领先成长	0.009	银河行业优选	0.044
交银成长 A	0.049	长信量化先锋 A	0.013
交银先锋	0.084	长信量化中小盘	0.02
金鹰中小盘精选	0.01	长信增利策略	0.024
景顺长城鼎益	0.028	中银持续增长 A	0.07
南方产业活力	0.024	中银动态策略	0.015
南方高增长	0.044	中银智能制造	0.079

改进的途径和幅度结果[①]显示无效基金样本的三个改进途径中，管理能力因子的平均改进幅度更大。由于 DEA 相对效率结果显示单基金的效率相对"一拖多"基金更好，进一步说明基金经理的管理能力可能是导致两种模式下的基金效率存在差异的重要原因。根据投资者的有限注意理论，人的认知能力有限，从而会使投资者忽略一些信息，并且即使关注到的信息也不能被全部正确处理[②]。当更多的注意力或者信息处理资源放在一个任务上，其处理效率就会提高，而这也就解释了为什么基金经理的管理能力在单基金管理模式下高于"一拖多"基金模式。当基金经理需要将注意力或者信息处理资源放在多个任务上时，每个任务获得的资源就会减少，势必会降低整体的处理效率。

（六）进一步的检验

考虑到两种管理模式基金样本效率的差异可能受到基金经理成熟度、基金经理的学

---

①　由于涉及多只基金，表格数据量极大，限于篇幅，将无效基金改进的幅度和途径放在附表4，有需要的读者请与作者联系索取。

②　参考 Holmstorm 和 Milgrom（1991），Chevalier 和 Ellison（1999）。

历①、单独管理的基金规模②和基金数量的影响，接下来将验证两种管理模式的差异是否是这些变量的不同导致的。

1. 基金经理成熟度。总体样本中，基金经理成熟度③对应的基金样本效率平均为0.5226，成熟度低的基金经理对应的基金样本效率平均为0.5188，基金经理成熟度对应的基金样本相对效率更高。单基金管理模式下基金经理成熟度对应的样本平均效率为0.5307，样本占比为55.88%，成熟度低的基金经理对应的样本平均效率为0.5242。"一拖多"管理模式下基金经理成熟度对应的样本平均效率为0.5091，样本占比为62.16%。"一拖多"样本中成熟的基金经理相对更多，然而基金经理成熟度对应的"一拖多"样本的效率却相对更低，说明基金经理成熟与否并不是两种管理模式效率存在差异的主要原因。

2. 基金经理学历。总体样本中，基金经理学历为本科对应的样本量为18只，学历为研究生对应的样本量为202只，其中，学历为本科对应的样本均为单基金样本，基金效率平均为0.4850，学历为本科以上对应的基金样本效率平均为0.5224。单基金管理模式下基金经理学位为硕士的样本占比为79.41%，对应的平均效率为0.5322，学位为博士的样本占比为13.97%，对应的平均效率为0.5185。"一拖多"基金样本对应的基金经理学位为硕士的样本占比为97.30%，对应的平均效率为0.5083，学位为博士的样本占对应的平均效率为0.5125。

基金经理学历为本科以上对应的基金效率更高，然而本科学历的均为单基金管理下的样本，且同等学历对应的单基金样本效率均优于"一拖多"基金样本。说明基金经理学历并不是两种管理模式效率存在差异的主要原因。

3. 基金规模。总体样本中，规模小④的基金样本数为86只，样本平均效率为0.5316，规模大的基金样本数为124只，样本平均效率为0.5136。单基金模式下规模小的样本占比为44.12%，平均效率为0.5317，规模大的样本平均效率为0.5248。"一拖多"模式下基金规模小的样本占比为35.14%，平均效率为0.5313，基金规模大的样本平均效率为0.4960。

规模小的基金样本效率相对更高，而"一拖多"模式下基金规模小的样本相对更少。基金规模可能对两种管理模式的效率差异产生一定的影响，但是就同等级规模的基金样本而言，单基金样本均优于"一拖多"基金样本，从而说明了我们之前所得到的结论——单基金的效率相对"一拖多"基金更好，是正确的。

4. 同时管理的基金数量。在文本所选的基金样本及时间范围内，仅有2位基金经理单独管理了2只以上的主动偏股型基金，其余"一拖多"基金经理均同时管理2只主动偏股

① 参考Joseph H. Golec（1996），Kon（2000），基金经理特征影响基金绩效，年龄更小、学历更高、任期更长的基金经理拥有更好的表现。

② 参考Elton等（1993），缺少规模效应的调整，会导致对基金绩效的评估不准确。

③ 从业年限在5年以上的为成熟的基金经理，从业年限小于5年的为成熟度低的基金经理。

④ 基金规模在5亿元以下的为规模小的基金，基金规模在5亿元以上的为规模大的基金。

型基金。基金只数差异小，在本文对于"一拖多"基金管理效率的讨论中不会产生较大的影响。

综上所述，单基金的效率相对"一拖多"基金效率更好并不受基金经理成熟度、基金经理的学历、单独管理的基金规模和基金数量的影响。接下来尝试对影响两种管理模式效率差异的主要原因进行分析。

五、两种管理模式效率差异原因——管理能力的统计检验

在上述的实证结果分析中可以得知，单基金相对于"一拖多"基金效率更高，且导致单基金管理与"一拖多"管理基金效率差异的主要原因可能是基金经理的管理能力。根据主成分分析结果中的得分因子矩阵（见表3），管理能力指的是基金经理的选股能力和选时能力，且选股能力权重更大。本文将进一步从已有的样本中筛选出符合从单独管理一只基金到单独管理多只基金的基金经理样本，检验其管理下的基金从单基金管理模式转换为"一拖多"模式前后对应的选股能力与选时能力是否显著发生变化，以支持上述的实证结果。

从"一拖多"基金中选取同一基金经理最先管理的一只旧基金，且要求当有新的基金加入时，旧基金至少被单独管理了1年以上。本文将对旧基金管理模式变化前后1年的选股能力和选时能力进行统计检验，从而推断管理模式的变化是否会显著影响基金经理的选股能力和选时能力，同时以始终保持单基金模式的样本作为对照组。

我们挑选出了成立时间在2013年12月31日之前的始终为单基金管理模式的基金样本共29只，管理模式从单基金转换为"一拖多"的基金样本共16只。这里设置了一个虚拟变量 Patternchange，如果在观察期内基金样本的管理模式从单基金变到了"一拖多"模式，则 Patternchange = 1，否则 Patternchange = 0，由于还存在许多影响基金效率的外部因素，这里选取市场指数的选股能力（选时能力）作为一个解释变量，抵消市场行情变化的外部影响。在此，被解释变量分别为选股能力和选时能力转换前后差值。对于管理模式发生转换的基金样本，被解释变量为单基金管理模式时期的选股能力减去"一拖多"模式时期的选股能力；选时能力同理。由于筛选出的基金样本管理模式转换均发生在2013—2015年，对于始终为单基金管理模式的基金样本，被解释变量为2014年度基金样本的选股能力减去2013年度的选股能力；选时能力同理。

假设回归模型方程式为

$$Y_i = \alpha_0 + \alpha_1 M + \alpha_2 Patternchange_i + \varepsilon_i \qquad (4)$$

其中，Y 为上阶段样本选股能力（选时能力）减下阶段选股能力（选时能力），M 为上阶段市场指数选股能力（选时能力）减下阶段选股能力（选时能力），虚拟变量 Pattern-change 衡量基金管理模式是否转变。

将基金样本数据代入 Stata 中，得到结果见表6。

表6 选时能力和选股能力的回归分析

项目	因变量: 选股能力	因变量: 选时能力
市场指数年度选股能力的差值	-0.5231 (0.6765)	—
市场指数年度选时能力的差值	—	0.7913 ** (0.3237)
管理模式是否转换 (0 = 没有转换)	0.0091 *** (0.0022)	-0.6461 (1.1712)
截距项	-0.0124 *** (0.0012)	-2.4379 *** (0.6792)
观测值	45	45
R^2	(0.3639)	(0.1245)

注: * 、** 、*** 分别代表在10%、5%、1%的水平下显著。

由表6可知,在控制了市场行情变化因素之后,虚拟变量 *Patternchange* 与选股能力显著正相关,即单基金管理模式时期的选股能力显著高于"一拖多"管理模式时期的选股能力。管理模式的改变确实会影响基金样本的选股能力,"一拖多"管理模式的基金样本选股能力更差,从而导致基金效率不如单基金管理下的基金效率。因变量是选时能力时,虚拟变量 *Patternchange* 的系数为负数,说明转换为"一拖多"的基金模式后,选时能力有所提高,然而统计意义上并没有显著性。由于在运用主成分分析法时,表3显示管理能力因子中选股能力权重最大,且统计检验结果正显著,选时能力权重次之,虽然经济意义上"一拖多"的管理模式更好,但是统计结果并不显著。

得出的检验结果能够解释第四部分中关于基金样本效率差异的原因。在基金经理的时间和精力有限的情况下,单基金管理基金经理能够为仅有的一只基金精心选股,并根据市场行情作出调整。然而"一拖多"基金经理很难同时为多只基金精心选股,相反可能将重心放在市场行情的研究上,在整体上把握市场发展趋势,从而及时对管理的多只主动偏股型基金作出调整。统计检验结果说明了单基金管理模式下的基金样本管理能力较"一拖多"模式下的基金样本管理能力更强,导致前者比后者的相对效率更高。

六、结论与启示

本文对基金管理模式中单基金管理与"一拖多"管理下的基金进行了效率研究。首先用PCA方法筛选出主成分投入、产出因子,构建DEA相对效率模型得到主动开放式的偏股型基金样本的相对效率。发现单基金相对"一拖多"基金效率更优,并排除了基金经理成熟度、基金经理学历、基金规模及同时管理的基金数量对结论的影响。

进一步地,本文还研究了实证结果中无效基金的松弛变量值、剩余变量值及目标投入值,发现基金经理的管理能力是导致基金效率差异的主要原因。通过筛选出观察期内保持单基金管理模式的基金样本以及管理模式从单基金转换为"一拖多"的基金样本，实证发现基金的管理模式确实会显著影响基金的选股能力。单基金管理模式下基金经理的选股能力显著更好，从而导致基金效率相对更高。

本文的研究结果能够给予基金公司及基金经理一些启示：在基金经理短缺的情况下，虽然"一拖多"是不得已的选择，但在情况允许时基金公司还应选择单基金管理模式，特别是，有关高校和基金公司应加大合作力度，共同促进基金经理的培养以缓解基金经理短缺的局面。对于"一拖多"基金经理，在基金经理时间和精力有限的情况下，可以将重心放在对市场行情的研究上，在整体上把握市场发展趋势，及时对管理的多只主动偏股型基金作出调整，提高基金的选时能力以弥补选股能力上的劣势。同时，在投资策略上建议采用趋势性投资策略，如用 β 系数策略构建投资组合，以更好地发挥"一拖多"的优势，从而提升"一拖多"基金的相对效率。

参考文献

[1] 魏冬. 基金经理一拖多让投资者很受伤 [J]. 理财，2013（4）：54 – 55.

[2] 岑小瑜. 诺安基金：上半年亏损近 12 亿股基业绩两极分化 [J]. 股市动态分析，2016（34）：52 – 53.

[3] 岑小瑜. 信诚基金：基金经理"一拖多"严重 最多一人管理 19 只基金 [J]. 股市动态分析，2017（28）：54 – 55.

[4] 岑小瑜. 交银施罗德基金：一拖多致重仓股重叠 独门股下跌拖累业绩 [J]. 股市动态分析，2017b（31）：54 – 55.

[5] 彭文平，陈延. 基金利益冲突与管理努力替代——基于基金经理"一拖多"现象的研究 [J]. 投资研究，2015，34（4）：129 – 142.

[6] 陈刚. 证券投资基金业绩评价的非参数方法 [J]. 统计与信息论坛，2003（2）：64 – 68.

[7] 罗洪浪，王浣尘，田中甲. 基于 DEA 的封闭式基金业绩评价 [J]. 中国管理科学，2003（5）：21 – 26.

[8] 赵承黎，康卫星，袁锋军. 我国开放式基金业绩评价研究——基于因子分析和 DEA 模型的实证考察 [J]. 新西部（下半月），2007（7）：12 – 14，21.

[9] 李学峰，常培武，张舰. 基于非线性有效边界的基金绩效研究 [J]. 证券市场导报，2009（8）：39 – 43.

[10] 钞小静，惠康. 中国经济增长质量的测度 [J]. 数量经济技术经济研究，2009，26（6）：75 – 86.

[11] Cici G，Gibson S，Moussawi R. Mutual Fund Performance when Parent Firms Simultaneously Manage Hedge Funds [J]. Journal of Financial Intermediation，2010，19（2）：169 – 187.

[12] Nohel T，Zheng W L. Side – by – Side Management of Hedge Funds and Mutual Funds [J]. The Review of Financial Studies，2010，23（6）：2342 – 2373.

[13] Yadav V N. Portfolio Matching by Multi – Fund Managers：Effects on Fund Performance and Flows [J]. SSRN Electronic Journal，2011.

[14] Agarwal V，Ma L. Effects of Managerial Multitasking on Mutual Fund Performance [J]. SSRN Electronic Journal，2010.

［15］ Chen H C, Lai C W. Effort Substitution and Performance Shift of Multi – Tasking Mutual Fund Managers ［J］. SSRN Electronic Journal, 2012.

［16］ Agarwal V, Ma L, Mullally K. Managerial Multitasking in the Mutual Fund Industry ［R］. Cfr Working Papers, 2013.

［17］ Charnes A, Cooper W, Rhodes E. Measuring the Efficiency of Decision Making Unites ［J］. European Journal of Operational Research, 1978, 2 (6): 429 – 444.

［18］ Murthi B P S, Choi Y K, Desai P. Efficiency of Mutual Funds and Portfolio Performance Measurement: A Non – parametric Approach ［J］. European Journal of Operational Research, 1997, 98 (2): 408 – 418.

［19］ Sedzro K, Sardano D. Mutual Fund Performance Evaluation Using Data Envelopment Analysis ［J］. The Current State of Business Disciplines, 1999 (3): 1125 – 1144.

［20］ Basso A, Funari S. A Data Envelopment Analysis Approach to Measure the Mutual Fund Performance ［J］. European Journal of Operational Research, 2001.

［21］ Kocher M G, Luptacik M, Sutter M . Measuring Productivity of Research in Economics: A Cross – country Study Using DEA ［J］. Socio – Economic Planning Sciences, 2006, 40 (4): 314 – 332.

［22］ Alexander G J, Stover R D. Consistency of Mutual Fund Performance During Varying Market Conditions ［J］. Journal of Economics and Business, 1980, 32 (3): 219 – 226.

［23］ Wermers R. Mutual Fund Performance: An Empirical Decomposition Into Stock Picking Talent , Style , Transactions Costs and Expenses ［J］. Journal of Finance, 2000, 55 (4): 1655 – 1703.

［24］ Kumar R. Market Timing, Selectivity and Mutual Fund Performance: An Empirical Investigation of Selective Equity Diversified Schemes in India ［J］. The IUP Journal of Financial Economics, 2012, 10 (1): 62 – 84.

［25］ Peter F. Pope, Pradeep K. Yadav. Discovering Errors in Tracking Error ［J］. The Journal of Portfolio Management, 1994 (2): 27 – 32.

［26］ Kacperczyk Marcin, Clemens Sialm, Lu Zheng. On the Industry Concentration of Actively Managed Equity Mutual Funds ［J］. The Journal of Finance, 2005, 60 (4): 1983 – 2011.

［27］ Chevalier J, Ellison G. Risk Taking by Mutual Funds as a Response to Incentives ［J］. Journal of Political Economy, 1997, (105): 1167 – 1200.

［28］ Holmstrom B, Milgrom P . Multitask Principal – Agent Analyses: Incentive Contracts, Asset Ownership, and Job Design ［J］. Journal of Law, Economics and Organization, 1991, 7 (Special): 24 – 52.

［29］ Chevalier J A, Ellison G. Are Some Mutual Fund Managers Better Than Others? Cross – Sectional Patterns in Behavior and Performance ［J］. The Journal of Finance, 1999, 54 (3): 875 – 899.

［30］ Golec J H. The Effects of Mutual Fund Managers' Characteristics on Their Portfolio Performance, Risk and Fees ［J］. Financial Services Review, 1996, 5 (2): 133 – 147.

［31］ Kon S J. The Market – Timing Performance of Mutual Fund Managers ［J］. The Journal of Business, 1983, 56 (3): 323 – 347.

［32］ Elton E J, Gruber M J, Hlavka D M. Efficiency with Costly Information: A Reinterpretation of Evidence from Managed Portfolios ［J］. The Review of Financial Studies, 1993, 6 (1): 1 – 22.

附　录

附表 1　　　　　　　　　　　　**投入、产出指标的测度方法**

指标	测度方法
收益标准差	数据来源于 Wind 数据库，2015 年 12 月 31 日至 2018 年 12 月 31 日，以周为计算周期。根据计算周期，在所选时间段内拆分出 n 个区间。测度公式：收益率标准差 = $\{\sum((xi-X)^2)/(n-1)\}^{0.5}$。
β 系数	数据来源于 Wind 数据库，2015 年 12 月 31 日至 2018 年 12 月 31 日，以周为计算周期。
选股能力	数据来源于 Wind 数据库，2015 年 12 月 31 日至 2018 年 12 月 31 日，以周为计算周期。根据二次市场超额收益模型：$R-Rf=\alpha+\beta\cdot(Rm-Rf)+\gamma\cdot[(Rm-Rf)^2]+\varepsilon$。其中，$R$ 为基金复权净值收益率序列数据的算术平均值；Rf 为当前银行一年定期存款税前收益率（折算到用户设定的计算周期）；Rm 为标的指数收益率序列数据的算术平均值。通过该模型回归后得到的 α 系数表示了基金经理的选股能力。数值大于 0 表示基金经理有选股能力，数值越大选股能力越强。
选时能力	数据来源于 Wind 数据库，2015 年 12 月 31 日至 2018 年 12 月 31 日，以周为计算周期。二次市场超额收益模型：$R-Rf=\alpha+\beta\cdot(Rm-Rf)+\gamma\cdot[(Rm-Rf)^2]+\varepsilon$。其中，$R$ 为基金复权净值收益率序列数据的算术平均值；Rf 为当前银行一年定期存款税前收益率（折算到用户设定的计算周期）；Rm 为标的指数收益率序列数据的算术平均值。通过该模型回归后得到的 γ 系数表示了基金经理的选时能力。数值大于 0 表示基金经理有选时能力，数值越大选时能力越强。
跟踪误差	衡量基金收益与目标指数收益偏离度的指标。数据来源于 Wind 数据库，2015 年 12 月 31 日至 2018 年 12 月 31 日，以周为计算周期。算法：1. 根据计算周期，在所选时间段内拆分出 n 个区间；2. 计算每一个小区间的复权单位净值增长率 Rp 和标的指数的收益率 RI，统计所选区间收益率个数 T；3. 算出每日的跟踪偏差 $DI=Rp-RI$，区间内平均跟踪偏差 $D=\sum DI/T$；4. 将算出的 DI、D、T 代入公式进行计算跟踪误差，测度公式：跟踪误差 = $[(1/T)\cdot\sum(DI-D)^2)]^{0.5}\times100\%$。跟踪误差是基金效率的逆指标，本文对该指标采取倒数形式。
信息比率	衡量某一投资组合优于一个特定指数的风险调整超额报酬水平的指标。数据来源于 Wind 数据库，2015 年 12 月 31 日至 2018 年 12 月 31 日，以周为计算周期。公式：信息比率 = $[\prod(1+Rp)-\prod(1+RI)]/$ 跟踪误差。算法：1. 根据计算周期，在所选时间段内拆分出 n 个区间；2. 计算每一个小区间的复权单位净值增长率 Rp 和标的指数的收益率 RI，统计所选区间收益率个数 T。测度公式：信息比率 = $[\prod(1+Rp)-\prod(1+RI)]/$ 跟踪误差。跟踪误差计算方式见跟踪误差指标。
行业集中度	衡量前十三大行业占全部行业比的指标。数据来源于 Wind 数据库，2015 年 12 月 31 日至 2018 年 12 月 31 日，以年为计算周期。测度公式：行业集中度 = $\sum$（行业持仓市值）/基金股票投资市值，通过计算 3 年行业集中度的算数平均得到指标。
投资集中度	衡量前十大重仓股数占该股流通股比例的加权平均。数据来源于 Wind 数据库，2015 年 12 月 31 日至 2018 年 12 月 31 日，以年为计算周期。测度公式：投资集中度 = $\sum[（持股数/流通股）\times Wi]$，Wi = 个股持仓市值/$\sum$（个股持仓市值），通过计算 3 年投资集中度的算数平均得到指标。

续表

指标	测度方法
基金累计单位净值增长	数据来源于 Wind 数据库，2015 年 12 月 31 日至 2018 年 12 月 31 日，以年为计算周期。测度公式：累计单位净值增长 = （单位净值 t_2/单位净值 t_1）－1。
基金规模增长	数据来源于 Wind 数据库，2015 年 12 月 31 日至 2018 年 12 月 31 日，以年为计算周期。测度公式：累计单位净值增长 = （基金规模 t_2/基金规模 t_1）－1。
Treynor	每单位风险获得的风险溢价。数据来源于 Wind 数据库，2015 年 12 月 31 日至 2018 年 12 月 31 日，以周为计算周期。测度公式：$Treynor = (Rp - Rf)/\beta$。其中，$Rp$ 表示平均收益率；Rf 表示无风险收益率。

附表 2   DEA 有效性分析结果

DMU	综合效率	纯技术效率	规模效率
上投摩根新兴动力 A	1	1	1
易方达消费行业	1	1	1
中海消费主题精选	1	1	1
中欧时代先锋 A	1	1	1
中海分红增利	0.962	1	0.962
国联安优选行业	0.942	1	0.942
长城中小盘成长	0.899	0.972	0.925
易方达行业领先	0.865	1	0.865
诺安低碳经济	0.858	0.874	0.982
汇添富社会责任	0.857	0.944	0.908
汇添富移动互联	0.767	1	0.767
国泰估值优势	0.762	0.879	0.867
安信价值精选	0.757	0.761	0.995
东吴行业轮动	0.753	1	0.753
鹏华消费优选	0.751	0.95	0.79
易方达中小盘	0.748	0.787	0.95
上投摩根智慧互联	0.742	0.918	0.808
光大银发商机主题	0.733	0.74	0.99
易方达改革红利	0.732	0.941	0.778
鹏华养老产业	0.731	0.995	0.735
融通行业景气	0.726	0.8	0.907
富国天博创新主题	0.719	0.913	0.788
上投摩根中小盘	0.718	0.896	0.801
招商医药健康产业	0.707	0.851	0.831
建信大安全	0.695	0.728	0.954

续表

DMU	综合效率	纯技术效率	规模效率
大成行业轮动	0.678	0.825	0.822
南方天元新产业	0.676	0.723	0.935
景顺长城中小板创业板	0.67	0.782	0.857
上投摩根大盘蓝筹	0.669	0.755	0.887
广发轮动配置	0.664	0.866	0.766
工银瑞信量化策略	0.657	0.68	0.966
富国低碳环保	0.651	1	0.651
建信改革红利	0.65	0.668	0.972
富国高新技术产业	0.649	0.843	0.77
大成互联网思维	0.641	0.751	0.854
银华中国梦30	0.641	0.839	0.765
博时新兴成长	0.635	0.961	0.661
景顺长城核心竞争力A	0.634	0.768	0.825
华安策略优选	0.629	0.651	0.967
泰达宏利蓝筹价值	0.628	0.741	0.847
景顺长城鼎益	0.629	0.864	0.728
海富通内需热点	0.627	0.697	0.9
交银先锋	0.625	0.878	0.712
汇添富策略回报	0.62	0.808	0.767
中银互联网+	0.618	0.829	0.746
中银中小盘成长	0.617	1	0.617
交银阿尔法	0.616	0.728	0.847
上投摩根核心成长	0.608	0.731	0.833
浦银安盛价值成长A	0.603	0.954	0.632
农银汇理策略价值	0.599	0.67	0.895
泰达宏利行业精选	0.596	0.766	0.779
信达澳银中小盘	0.596	0.754	0.79
华宝资源优选	0.595	0.626	0.951
新华灵活主题	0.595	0.782	0.761
富国文体健康	0.593	0.787	0.753
申万菱信竞争优势	0.593	0.904	0.656
富国新兴产业	0.591	1	0.591
招商行业领先A	0.585	0.718	0.814
博时创业成长A	0.584	0.714	0.818

续表

DMU	综合效率	纯技术效率	规模效率
华安大国新经济	0.584	0.761	0.768
交银新成长	0.583	0.668	0.872
天弘永定成长	0.58	0.608	0.954
农银汇理行业轮动	0.577	0.69	0.836
富国低碳新经济	0.576	0.627	0.919
国泰中小盘成长	0.573	0.816	0.702
诺安先进制造	0.573	0.601	0.953
泰达宏利首选企业	0.573	0.716	0.799
国富健康优质生活	0.572	0.639	0.896
广发制造业精选	0.57	0.725	0.786
上投摩根行业轮动 A	0.57	0.761	0.748
鹏华环保产业	0.569	0.611	0.931
工银瑞信新蓝筹	0.566	0.567	0.998
诺德成长优势	0.565	0.57	0.992
嘉实医疗保健	0.564	0.735	0.767
诺安研究精选	0.559	0.618	0.905
诺安多策略	0.552	0.61	0.905
信诚深度价值	0.552	0.705	0.782
建信双利策略主题	0.548	0.616	0.889
万家和谐增长	0.545	0.592	0.921
大成健康产业	0.543	0.861	0.63
易方达科翔	0.543	0.729	0.745
华安科技动力	0.541	0.647	0.836
建信内生动力	0.541	0.659	0.821
汇添富美丽 30	0.534	0.65	0.821
前海开源再融资主题精选	0.534	0.61	0.876
富国中小盘精选	0.531	0.818	0.649
建信潜力新蓝筹	0.529	0.659	0.802
工银瑞信主题策略	0.528	0.991	0.533
嘉实低价策略	0.527	0.535	0.984
信达澳银产业升级	0.526	1	0.526
南方隆元产业主题	0.522	0.603	0.865

续表

DMU	综合效率	纯技术效率	规模效率
景顺长城优选	0.52	0.636	0.818
华安逆向策略	0.519	0.65	0.798
景顺长城量化精选	0.519	0.619	0.838
华夏医疗健康 A	0.517	0.677	0.765
鹏华先进制造	0.517	0.653	0.791
国富潜力组合 A – 人民币	0.512	0.646	0.792
嘉实领先成长	0.51	0.737	0.692
国联安优势	0.508	0.622	0.817
华夏医疗健康 C	0.508	0.67	0.759
景顺长城精选蓝筹	0.508	0.686	0.741
建信创新中国	0.501	0.573	0.875
泰达宏利效率优选	0.499	0.627	0.796
信诚中小盘	0.498	0.812	0.614
大成中小盘	0.495	0.694	0.714
华夏收入	0.495	0.539	0.918
建信消费升级	0.495	0.547	0.905
鹏华新兴产业	0.495	0.639	0.775
信诚优胜精选	0.493	0.667	0.74
中银战略新兴产业	0.493	0.531	0.929
金鹰主题优势	0.491	0.698	0.702
汇丰晋信中小盘	0.489	0.558	0.876
长城品牌优选	0.486	0.634	0.767
大成蓝筹稳健	0.481	0.557	0.864
华安物联网主题	0.48	0.716	0.671
华泰柏瑞量化先行	0.48	0.574	0.836
中银消费主题	0.479	0.657	0.728
建信信息产业	0.477	0.597	0.799
汇丰晋信科技先锋	0.476	0.707	0.673
农银汇理平衡双利	0.476	0.573	0.832
工银瑞信消费服务	0.475	0.516	0.921
嘉实先进制造	0.475	0.621	0.765
鹏华改革红利	0.475	0.599	0.793

续表

DMU	综合效率	纯技术效率	规模效率
泰达宏利逆向策略	0.473	0.575	0.824
建信优选成长 A	0.472	0.52	0.908
诺安主题精选	0.472	0.601	0.786
前海开源股息率 100 强	0.464	0.467	0.993
前海开源强势共识 100 强	0.462	0.536	0.862
光大精选	0.461	0.528	0.873
华泰柏瑞价值增长	0.459	0.559	0.821
汇添富逆向投资	0.459	0.596	0.77
嘉实优质企业	0.459	0.641	0.715
金元顺安消费主题	0.459	0.613	0.75
富国天惠精选成长 A	0.455	0.656	0.694
中欧盛世成长 E	0.453	0.566	0.8
国富中小盘	0.452	0.584	0.775
建信社会责任	0.452	0.578	0.782
华宝宝康消费品	0.45	0.517	0.869
易方达国防军工	0.45	0.782	0.575
中欧盛世成长 A	0.447	0.563	0.794
光大新增长	0.446	0.576	0.775
汇添富成长焦点	0.446	0.61	0.731
华宝动力组合	0.445	0.571	0.778
汇添富环保行业	0.442	0.646	0.684
南方产业活力	0.442	0.728	0.607
工银瑞信农业产业	0.441	0.608	0.725
建信优势动力	0.441	0.543	0.812
招商核心价值	0.439	0.601	0.73
诺安先锋	0.438	0.527	0.832
诺德周期策略	0.437	0.587	0.745
长盛量化红利策略	0.437	0.516	0.847
华泰柏瑞量化增强 A	0.433	0.437	0.991
华泰柏瑞积极优选	0.429	0.552	0.777
银河消费驱动	0.428	0.706	0.606
汇添富民营新动力	0.426	0.579	0.736

续表

DMU	综合效率	纯技术效率	规模效率
富国国家安全主题	0.425	0.693	0.614
华宝服务优选	0.423	0.77	0.549
鹏华盛世创新	0.414	0.535	0.774
招商先锋	0.413	0.588	0.704
南方稳健成长	0.409	0.553	0.741
上投摩根阿尔法	0.409	0.605	0.676
泰信现代服务业	0.409	0.457	0.895
泰达宏利红利先锋	0.408	0.606	0.673
汇添富优势精选	0.407	0.599	0.679
诺安新经济	0.405	0.74	0.547
泓德战略转型	0.403	0.484	0.832
交银成长 A	0.401	0.588	0.681
泰信中小盘精选	0.398	0.599	0.664
中银智能制造	0.393	0.894	0.44
国泰金龙行业精选	0.392	0.659	0.595
建信互联网＋产业升级	0.39	0.611	0.637
泓德优选成长	0.389	0.49	0.794
诺安价值增长	0.385	0.501	0.769
银河稳健	0.385	0.52	0.74
东吴价值成长	0.384	1	0.384
鹏华价值优势	0.383	0.57	0.671
中信保诚精萃成长	0.381	0.647	0.588
信诚周期轮动	0.378	0.575	0.659
农银汇理行业成长 A	0.37	0.63	0.587
华夏盛世精选	0.363	0.811	0.447
长信增利策略	0.359	0.575	0.625
易方达积极成长	0.357	0.509	0.7
长信量化中小盘	0.355	0.586	0.606
长盛成长价值	0.354	0.484	0.732
中银动态策略	0.354	0.583	0.607
建信环保产业	0.353	0.544	0.648
华宝新兴产业	0.352	0.643	0.548

续表

DMU	综合效率	纯技术效率	规模效率
长信量化先锋 A	0.352	0.567	0.62
中银收益 A	0.352	0.516	0.682
景顺长城能源基建	0.351	0.436	0.807
信诚四季红	0.351	0.503	0.697
中银中国精选	0.349	0.541	0.644
上投摩根民生需求	0.346	0.54	0.64
国富弹性市值	0.345	0.474	0.728
南方中小盘成长	0.345	0.388	0.89
兴全合润分级	0.341	0.585	0.583
南方积极配置	0.337	0.552	0.611
南方高增长	0.33	0.667	0.495
南方盛元红利	0.322	0.701	0.46
华宝多策略	0.318	0.437	0.728
国泰金牛创新成长	0.317	0.5	0.633
光大中小盘	0.309	0.475	0.65
泰信蓝筹精选	0.306	0.762	0.402
天治核心成长	0.297	0.571	0.52
银河行业优选	0.295	0.674	0.438
华泰柏瑞积极成长 A	0.286	0.487	0.586
金鹰中小盘精选	0.285	0.521	0.547
浙商聚潮新思维	0.283	0.447	0.635
中银持续增长 A	0.277	0.576	0.482
国联安小盘精选	0.266	0.442	0.602

附表 3   松弛变量汇总

DMU	风险因子	管理能力因子	配置风格因子
安信价值精选	0.008	0.079	0
博时创业成长 A	0	0	0
博时新兴成长	0	0	0.103
大成行业轮动	0	0	0
大成互联网思维	0	0	0
大成健康产业	0	0	0
大成蓝筹稳健	0	0	0

续表

DMU	风险因子	管理能力因子	配置风格因子
大成中小盘	0	0	0
东吴行业轮动	0	0	0
东吴价值成长	0	0	0
富国低碳环保	0	0	0
富国低碳新经济	0	0	0
富国高新技术产业	0	0	0
富国国家安全主题	0	0	0
富国天博创新主题	0	0	0
富国天惠精选成长 A	0	0	0
富国文体健康	0	0	0
富国新兴产业	0	0	0
富国中小盘精选	0	0	0
工银瑞信量化策略	0	0	0
工银瑞信农业产业	0	0	0
工银瑞信消费服务	0	0	0
工银瑞信新蓝筹	0	0.141	0
工银瑞信主题策略	0	0	0
光大精选	0	0	0
光大新增长	0	0	0
光大银发商机主题	0	0.245	0
光大中小盘	0	0	0
广发轮动配置	0	0	0
广发制造业精选	0	0	0
国富弹性市值	0	0	0
国富健康优质生活	0	0	0
国富潜力组合 A - 人民币	0	0	0
国富中小盘	0	0	0
国联安小盘精选	0	0	0
国联安优势	0	0	0
国联安优选行业	0	0	0
国泰估值优势	0	0	0
国泰金龙行业精选	0	0	0
国泰金牛创新成长	0	0	0
国泰中小盘成长	0	0	0
海富通内需热点	0	0	0

续表

DMU	风险因子	管理能力因子	配置风格因子
泓德优选成长	0	0	0
泓德战略转型	0	0	0
华安策略优选	0	0	0
华安大国新经济	0	0	0
华安科技动力	0	0	0
华安逆向策略	0	0	0
华安物联网主题	0	0	0
华宝宝康消费品	0	0	0
华宝动力组合	0	0	0
华宝多策略	0	0	0
华宝服务优选	0	0	0
华宝新兴产业	0	0	0
华宝资源优选	0	0.162	0
华泰柏瑞积极成长 A	0	0	0
华泰柏瑞积极优选	0	0	0
华泰柏瑞价值增长	0	0	0
华泰柏瑞量化先行	0	0	0
华泰柏瑞量化增强 A	0	0.005	0
华夏盛世精选	0	0	0
华夏收入	0	0	0
华夏医疗健康 A	0	0	0
华夏医疗健康 C	0	0	0
汇丰晋信科技先锋	0	0.025	0
汇丰晋信中小盘	0	0	0
汇添富策略回报	0	0	0
汇添富成长焦点	0	0	0
汇添富环保行业	0	0	0
汇添富美丽 30	0	0	0
汇添富民营新动力	0	0	0
汇添富逆向投资	0	0	0
汇添富社会责任	0	0	0.156
汇添富移动互联	0	0	0
汇添富优势精选	0	0	0
嘉实低价策略	0	0.007	0
嘉实领先成长	0	0	0

续表

DMU	风险因子	管理能力因子	配置风格因子
嘉实先进制造	0	0	0
嘉实医疗保健	0	0	0
嘉实优质企业	0	0	0
建信创新中国	0	0	0
建信大安全	0	0	0
建信改革红利	0	0	0
建信互联网＋产业升级	0	0	0
建信环保产业	0	0	0
建信内生动力	0	0	0
建信潜力新蓝筹	0	0	0
建信社会责任	0	0	0
建信双利策略主题	0.102	0.218	0
建信消费升级	0	0	0
建信信息产业	0	0	0
建信优势动力	0	0	0
建信优选成长 A	0	0	0
交银阿尔法	0	0	0
交银成长 A	0	0	0
交银先锋	0	0	0.101
交银新成长	0	0	0
金鹰中小盘精选	0	0	0
金鹰主题优势	0	0	0
金元顺安消费主题	0	0	0
景顺长城鼎益	0	0	0.175
景顺长城核心竞争力 A	0	0	0
景顺长城精选蓝筹	0	0	0
景顺长城量化精选	0	0	0
景顺长城能源基建	0	0	0
景顺长城优选	0	0	0
景顺长城中小板创业板	0	0	0
南方产业活力	0	0	0
南方高增长	0	0	0
南方积极配置	0	0	0
南方隆元产业主题	0	0	0
南方盛元红利	0	0	0

续表

DMU	风险因子	管理能力因子	配置风格因子
南方天元新产业	0	0	0
南方稳健成长	0	0	0
南方中小盘成长	0	0	0
农银汇理策略价值	0	0	0
农银汇理行业成长 A	0	0	0
农银汇理行业轮动	0	0	0
农银汇理平衡双利	0	0	0
诺安低碳经济	0.13	0	0
诺安多策略	0	0	0
诺安价值增长	0	0	0
诺安先锋	0	0	0
诺安先进制造	0	0	0
诺安新经济	0	0	0
诺安研究精选	0	0	0
诺安主题精选	0	0	0
诺德成长优势	0	0	0
诺德周期策略	0	0	0
鹏华改革红利	0	0	0
鹏华环保产业	0	0	0
鹏华价值优势	0	0	0
鹏华盛世创新	0	0	0
鹏华先进制造	0	0	0
鹏华消费优选	0	0	0
鹏华新兴产业	0	0	0
鹏华养老产业	0	0	0
浦银安盛价值成长 A	0	0	0
前海开源股息率 100 强	0	0.018	0
前海开源强势共识 100 强	0	0.018	0
前海开源再融资主题精选	0	0	0
融通行业景气	0	0.139	0
上投摩根阿尔法	0	0	0
上投摩根大盘蓝筹	0	0	0
上投摩根行业轮动 A	0	0	0
上投摩根核心成长	0	0	0
上投摩根民生需求	0	0	0

续表

DMU	风险因子	管理能力因子	配置风格因子
上投摩根新兴动力 A	0	0	0
上投摩根智慧互联	0	0	0
上投摩根中小盘	0	0	0
申万菱信竞争优势	0	0	0
泰达宏利行业精选	0	0	0
泰达宏利红利先锋	0	0	0
泰达宏利蓝筹价值	0	0	0
泰达宏利逆向策略	0	0	0
泰达宏利首选企业	0	0.022	0
泰达宏利效率优选	0	0	0
泰信蓝筹精选	0	0	0
泰信现代服务业	0	0	0
泰信中小盘精选	0	0	0
天弘永定成长	0	0	0
天治核心成长	0	0.069	0
万家和谐增长	0	0	0
新华灵活主题	0	0	0
信诚深度价值	0	0	0
信诚四季红	0	0	0
信诚优胜精选	0	0	0
信诚中小盘	0	0	0
信诚周期轮动	0	0	0
信达澳银产业升级	0	0	0
信达澳银中小盘	0	0	0
兴全合润分级	0	0	0
易方达改革红利	0	0	0
易方达国防军工	0	0	0
易方达行业领先	0	0	0
易方达积极成长	0	0	0
易方达科翔	0	0	0
易方达消费行业	0	0	0
易方达中小盘	0	0	0
银河行业优选	0	0	0
银河稳健	0	0	0
银河消费驱动	0	0	0

续表

DMU	风险因子	管理能力因子	配置风格因子
银华中国梦 30	0	0	0
长城品牌优选	0	0	0
长城中小盘成长	0.065	0	0
长盛成长价值	0	0	0
长盛量化红利策略	0	0	0
长信量化先锋 A	0	0	0
长信量化中小盘	0	0	0
长信增利策略	0	0	0
招商行业领先 A	0	0	0
招商核心价值	0	0	0
招商先锋	0	0	0
招商医药健康产业	0	0	0
浙商聚潮新思维	0	0	0
中海分红增利	0	0	0
中海消费主题精选	0	0	0
中欧盛世成长 A	0	0	0
中欧盛世成长 E	0	0	0
中欧时代先锋 A	0	0	0
中信保诚精萃成长	0	0	0
中银持续增长 A	0	0	0
中银动态策略	0	0	0
中银互联网 +	0	0	0
中银收益 A	0	0	0
中银消费主题	0	0	0
中银战略新兴产业	0	0	0
中银智能制造	0	0	0
中银中国精选	0	0	0
中银中小盘成长	0	0	0

附表 4　　　　　　　　无效基金改进的幅度和途径　　　　　　单位：%

DMU	风险因子	管理能力因子	配置风格因子
安信价值精选	24.94	39.81	23.96
博时创业成长 A	28.50	28.55	28.66
博时新兴成长	3.68	3.79	17.50
大成行业轮动	17.56	17.55	17.45

DMU	风险因子	管理能力因子	配置风格因子
大成互联网思维	24.82	24.81	24.76
大成健康产业	13.84	13.99	13.96
大成蓝筹稳健	44.33	44.37	44.39
大成中小盘	30.55	30.66	30.55
东吴行业轮动	0.00	0.05	0.00
东吴价值成长	0.00	0.05	0.05
富国低碳环保	0.00	0.00	0.01
富国低碳新经济	37.36	37.26	37.29
富国高新技术产业	15.70	15.65	15.70
富国国家安全主题	30.65	30.72	30.60
富国天博创新主题	8.57	8.83	8.80
富国天惠精选成长 A	34.38	34.44	34.47
富国文体健康	21.23	21.26	21.30
富国新兴产业	0.00	0.15	0.06
富国中小盘精选	18.20	18.29	18.37
工银瑞信量化策略	31.90	31.94	32.03
工银瑞信农业产业	39.22	39.09	39.10
工银瑞信消费服务	48.33	48.36	48.29
工银瑞信新蓝筹	43.36	61.13	43.30
工银瑞信主题策略	0.72	1.00	0.85
光大精选	47.18	47.25	47.17
光大新增长	42.45	42.48	42.37
光大银发商机主题	26.07	57.64	26.13
光大中小盘	52.59	52.53	52.56
广发轮动配置	13.20	13.28	13.38
广发制造业精选	27.55	27.46	27.52
国富弹性市值	52.63	52.54	52.59
国富健康优质生活	36.22	36.07	36.10
国富潜力组合 A 人民币	35.32	35.36	35.28
国富中小盘	41.60	41.74	41.59
国联安小盘精选	55.80	55.88	55.79
国联安优势	37.88	37.85	37.74
国联安优选行业	0.00	0.00	0.00
国泰估值优势	12.16	12.03	12.20
国泰金龙行业精选	34.11	34.07	34.10

续表

DMU	风险因子	管理能力因子	配置风格因子
国泰金牛创新成长	49.94	49.95	49.91
国泰中小盘成长	18.29	18.28	18.36
海富通内需热点	30.44	30.39	30.23
泓德优选成长	51.10	51.11	50.99
泓德战略转型	51.49	51.62	51.63
华安策略优选	34.89	35.03	34.89
华安大国新经济	24.05	23.97	24.03
华安科技动力	35.28	35.22	35.34
华安逆向策略	34.91	34.93	35.04
华安物联网主题	28.33	28.37	28.40
华宝宝康消费品	48.31	48.33	48.32
华宝动力组合	42.89	42.84	42.74
华宝多策略	56.23	56.27	56.37
华宝服务优选	23.02	23.04	23.03
华宝新兴产业	35.63	35.81	35.89
华宝资源优选	37.48	55.49	37.47
华泰柏瑞积极成长 A	51.30	51.28	51.18
华泰柏瑞积极优选	44.85	44.81	44.89
华泰柏瑞价值增长	44.01	44.12	44.11
华泰柏瑞量化先行	42.52	42.53	42.58
华泰柏瑞量化增强 A	56.36	57.10	56.43
华夏盛世精选	19.10	18.88	18.80
华夏收入	45.98	46.01	46.12
华夏医疗健康 A	32.31	32.26	32.27
华夏医疗健康 C	33.06	32.94	33.04
汇丰晋信科技先锋	29.31	31.94	29.23
汇丰晋信中小盘	44.12	44.13	44.22
汇添富策略回报	19.07	19.14	19.33
汇添富成长焦点	39.03	39.03	39.07
汇添富环保行业	35.55	35.33	35.44
汇添富美丽 30	34.88	34.95	34.91
汇添富民营新动力	42.16	42.15	42.12
汇添富逆向投资	40.49	40.38	40.39
汇添富社会责任	5.80	5.69	24.85
汇添富移动互联	0.00	0.00	0.00

DMU	风险因子	管理能力因子	配置风格因子
汇添富优势精选	40.07	40.14	39.98
嘉实低价策略	46.50	47.42	46.53
嘉实领先成长	26.30	26.33	26.22
嘉实先进制造	38.00	37.95	37.85
嘉实医疗保健	26.54	26.42	26.43
嘉实优质企业	35.85	35.86	35.88
建信创新中国	42.77	42.70	42.83
建信大安全	27.11	27.06	27.28
建信改革红利	33.07	33.11	33.25
建信互联网＋产业升级	38.83	38.79	38.94
建信环保产业	45.49	45.63	45.48
建信内生动力	34.13	34.21	34.12
建信潜力新蓝筹	34.04	34.03	34.07
建信社会责任	42.17	42.12	42.23
建信双利策略主题	49.55	66.08	38.34
建信消费升级	45.33	45.23	45.22
建信信息产业	40.21	40.26	40.23
建信优势动力	45.64	45.70	45.63
建信优选成长 A	48.00	48.04	47.91
交银阿尔法	27.21	27.15	27.15
交银成长 A	41.20	41.14	41.22
交银先锋	12.40	12.26	24.51
交银新成长	33.19	33.06	33.13
金鹰中小盘精选	47.81	47.84	47.91
金鹰主题优势	30.08	30.11	30.05
金元顺安消费主题	38.78	38.75	38.76
景顺长城鼎益	13.68	13.67	37.79
景顺长城核心竞争力 A	23.24	23.03	23.16
景顺长城精选蓝筹	31.45	31.43	31.32
景顺长城量化精选	38.06	38.13	38.03
景顺长城能源基建	56.43	56.51	56.40
景顺长城优选	36.50	36.40	36.38
景顺长城中小板创业板	21.63	21.79	21.79
南方产业活力	27.32	27.25	27.27
南方高增长	33.25	33.36	33.37

续表

DMU	风险因子	管理能力因子	配置风格因子
南方积极配置	44.69	44.72	44.76
南方隆元产业主题	39.68	39.70	39.74
南方盛元红利	29.88	29.95	29.90
南方天元新产业	27.70	27.62	27.55
南方稳健成长	44.67	44.71	44.64
南方中小盘成长	61.20	61.17	61.28
农银汇理策略价值	33.04	32.97	32.97
农银汇理行业成长 A	36.93	36.98	37.10
农银汇理行业轮动	30.97	31.09	31.08
农银汇理平衡双利	42.76	42.79	42.84
诺安低碳经济	30.80	12.46	12.70
诺安多策略	38.95	39.00	39.09
诺安价值增长	49.98	49.84	49.85
诺安先锋	47.26	47.25	47.38
诺安先进制造	39.95	39.81	39.87
诺安新经济	26.07	26.06	26.03
诺安研究精选	38.25	38.26	38.35
诺安主题精选	40.02	40.04	39.91
诺德成长优势	43.06	43.02	42.99
诺德周期策略	41.22	41.33	41.25
鹏华改革红利	40.06	40.16	40.17
鹏华环保产业	38.98	38.87	39.00
鹏华价值优势	42.96	43.00	43.08
鹏华盛世创新	46.44	46.38	46.44
鹏华先进制造	34.61	34.58	34.64
鹏华消费优选	5.08	5.04	5.09
鹏华新兴产业	36.20	36.13	36.18
鹏华养老产业	0.39	0.34	0.44
浦银安盛价值成长 A	4.61	4.68	4.75
前海开源股息率100强	53.30	55.89	53.18
前海开源强势共识100强	46.37	48.59	46.45
前海开源再融资主题精选	39.05	39.06	38.97
融通行业景气	20.09	40.21	19.99
上投摩根阿尔法	39.39	39.51	39.44
上投摩根大盘蓝筹	24.61	24.45	24.56

续表

DMU	风险因子	管理能力因子	配置风格因子
上投摩根行业轮动 A	23.84	23.82	23.78
上投摩根核心成长	26.92	26.96	26.98
上投摩根民生需求	45.99	46.03	46.00
上投摩根智慧互联	8.20	8.29	8.17
上投摩根中小盘	10.42	10.38	10.40
申万菱信竞争优势	9.60	9.62	9.72
泰达宏利行业精选	23.48	23.52	23.53
泰达宏利红利先锋	39.53	39.42	39.49
泰达宏利蓝筹价值	25.81	25.93	25.78
泰达宏利逆向策略	42.47	42.49	42.47
泰达宏利首选企业	28.35	31.99	28.13
泰达宏利效率优选	37.24	37.26	37.34
泰信蓝筹精选	23.66	23.73	23.70
泰信现代服务业	54.26	54.29	54.34
泰信中小盘精选	40.10	40.12	40.11
天弘永定成长	39.24	39.17	39.20
天治核心成长	42.81	49.80	42.98
万家和谐增长	40.82	40.78	40.93
新华灵活主题	21.77	21.80	21.67
信诚深度价值	29.59	29.47	29.42
信诚四季红	49.73	49.64	49.77
信诚优胜精选	33.25	33.22	33.37
信诚中小盘	18.68	18.73	18.79
信诚周期轮动	42.52	42.48	42.52
信达澳银产业升级	0.18	0.09	0.00
信达澳银中小盘	24.52	24.55	24.44
兴全合润分级	41.57	41.41	41.49
易方达改革红利	5.90	6.05	5.92
易方达国防军工	21.59	21.74	21.71
易方达行业领先	0.00	0.00	0.08
易方达积极成长	49.11	49.10	49.12
易方达科翔	27.26	27.26	27.20
易方达中小盘	21.23	21.09	21.29
银河行业优选	32.71	32.71	32.74
银河稳健	48.06	48.06	47.99
银河消费驱动	29.39	29.45	29.52

续表

DMU	风险因子	管理能力因子	配置风格因子
银华中国梦30	16. 21	16. 23	16. 13
长城品牌优选	36. 56	36. 60	36. 59
长城中小盘成长	14. 80	2. 72	2. 72
长盛成长价值	51. 61	51. 63	51. 75
长盛量化红利策略	48. 34	48. 43	48. 29
长信量化先锋 A	43. 19	43. 26	43. 31
长信量化中小盘	41. 29	41. 43	41. 37
长信增利策略	42. 58	42. 46	42. 56
招商行业领先 A	28. 20	28. 21	28. 20
招商核心价值	39. 81	39. 93	39. 92
招商先锋	41. 28	41. 26	41. 17
招商医药健康产业	14. 77	14. 98	15. 00
浙商聚潮新思维	55. 34	55. 29	55. 32
中海分红增利	0. 10	0. 03	0. 04
中欧盛世成长 A	43. 66	43. 70	43. 65
中欧盛世成长 E	43. 30	43. 37	43. 42
中信保诚精萃成长	35. 34	35. 22	35. 29
中银持续增长 A	42. 43	42. 48	42. 36
中银动态策略	41. 69	41. 70	41. 69
中银互联网 +	17. 04	17. 04	17. 26
中银收益 A	48. 50	48. 45	48. 41
中银消费主题	34. 28	34. 23	34. 39
中银战略新兴产业	47. 01	46. 93	47. 02
中银智能制造	10. 71	10. 54	10. 61
中银中国精选	45. 87	45. 82	45. 89
中银中小盘成长	0. 12	0. 00	0. 00

Efficiency of Sole – management and Multitasking – management in Fund Industry

Xuefeng Li   Yujie Pan

(*School of Finance, Nankai University, Tianjin 300350,*
China. Corresponding author: Li Xue – feng)

Abstract：The universalization of multitasking – management method in fund market has raised a wide attention of scholars at home and abroad. In this paper, multitasking – managed funds which are managed by one manager and sole – managed funds were selected. DEA and PCA are used to study the efficiency differences of funds under different management methods. The empirical results show that the comprehensive efficiency, pure technical efficiency and scale efficiency of sole – managed funds are better than those of multitasking – managed funds. Statistical test results show that the change of management method from sole – management to multitasking – management significantly reduce the stock selection ability, thus reducing the efficiency of funds. Then we draw inspiration and suggestions based on the conclusion.

Keywords：Multitasking – managed Funds；Sole – managed Funds；Efficiency Comparison；Management Ability

机构调研会激发企业创新吗？

——基于资本市场与上市公司信息交互的研究视角

◎蔡庆丰　黄振东　霍鹏光[①]

内容摘要：资本市场和上市公司之间的信息传递是交互的，并相互影响。近年来，机构频繁访问调研上市公司，已逐渐成为分析师关注和机构持股之外，资本市场向上市公司反馈信息、影响公司决策的重要渠道，但却鲜有文献对于这一信息交互机制进行深入研究探讨。本文以2011—2016年深圳证券交易所信息披露网站公布的机构调研数据，研究机构调研对上市公司创新活动的影响。研究发现，机构调研会促进受访企业的研发投入，并且调研强度越大，影响越大；通过对调研报告的文本分析发现，机构调研会显著提高受访企业的创新意识；机构调研通过增强企业创新意识来影响研发投入。机构调研对上市公司创新投入的影响机制介于分析师关注和机构持股之间。本文的研究拓展了资本市场和上市公司之间信息交互和相互影响的相关研究。

关键词：机构调研；创新意识；研发投入

一、引言

Allen 和 Gale（2001）认为资产价格在资源配置方面起到信息集成器的功能，集成和反映了来自投资机构和上市公司的信息——投资机构希望能从股价中获得上市公司的项目信息，上市公司也希望从股价中获得投资机构对公司本身及其所处行业的估值判断。Dow 和 Gorton（1997）将资产价格的这一信息结构定义为股价的回顾性功能（Backward - loo-

---

① 作者简介：蔡庆丰，厦门大学经济学院，教授、博士生导师，研究方向：资本市场与公司金融。
黄振东，厦门大学金融系硕士，大成基金管理公司研究员，研究方向：资本市场与公司金融。
霍鹏光，湖南大学硕士研究生，兴业信托资本市场部投行经理，研究方向：资本市场与公司金融。
基金项目：国家社会科学基金重大项目"新常态下金融部门与实体经济良性互动的现代经济治理体系问题研究"（15ZDA028）、国家自然科学基金面上项目"资本市场中的社会关系与政治地理中的资本市场：来自中国的理论与实证"（71373219）、中央高校基本科研业务费项目（20720181109）。

king or Retrospective Role）和前瞻性功能（Forward - looking or Prospective Role）。以资产价格作为纽带，资本市场和上市公司之间可以实现信息传递的交互：一方面，上市公司的各种信息会通过资本市场的各种交易反映到股价上；另一方面，资本市场的各种信息也会通过各种渠道反馈给上市公司。分析师关注和机构持股是资本市场向上市公司反馈信息的主要渠道——前者（分析师）会搜集挖掘上市公司产品、财务、管理和行业等方面的信息，以评级调整和盈余预测的形式向上市公司和市场投资者传递；后者（投资机构）会根据前者的卖方研究和自己的买方研究进行投资交易，最终以持股比例的变化反馈信息给上市公司和资本市场。显然，这两种信息反馈都会影响上市公司的管理决策。不少学者对这一信息反馈机制进行了研究（Hill 等，1988；Hansen 和 Hil，2005；温军和冯根福，2012；Graham 等，2005；谢震和艾春荣，2014）。近年来，随着投资机构实力的壮大、交通便利程度的提升和价值投资理念的兴起，机构调研日渐成为上市公司与资本市场信息交互和良性互动的重要形式，越来越多的投资机构到上市公司进行实地调研。深圳证券交易所（以下简称深交所）的数据显示：上市公司中被机构调研的占比在 70% 左右，在调研的上市公司中，平均每年被调研的次数为 7 次。可见，证券机构与上市公司之间的信息交互并不低频，这一影响渠道确实存在。深交所于 2008 年起要求上市公司对机构调研信息进行披露，这为我们对资本市场的这一信息传递机制进行深入系统研究提供了样本和数据。

上市公司在接待机构调研、接受机构问询的同时也会积极收集获取来自资本市场的信息（即前瞻性信息），了解机构投资者对于企业及其所处行业发展的前瞻性看法。资本市场和上市公司之间信息的传递和反馈通过机构调研实现交互。分析师的部分研究报告也主要基于调研活动所获得的"直接"（基本面）信息，结合其他渠道所能获得的宏观、行业、市场和财务等其他信息形成，进而对所研究的公司给出盈余预测和评级调整，影响股价波动和上市公司决策。机构投资者参与公司调研也会对上市公司的决策有所影响，无论是机构投资者的"积极股东主义"，还是"用脚投票"。与其他渠道获得的信息相比，实地调研中机构投资者或者分析师处于相对主动的地位，信息被粉饰和扭曲的程度会较弱；此外，实地调研一般在企业所在地进行，机构投资者能够近距离考察上市公司的经营管理环节，参观厂房和深入了解企业正在进行的研发项目，同时还可以和公司高管、中层管理人员甚至普通员工直接进行交流互动，从而获得最为及时和准确的信息。正如前文所述，随着机构调研日益频繁且成为资本市场和上市公司直接互动的重要渠道，研究资本市场和上市公司之间这一信息传递和反馈机制意义重大。机构调研对于机构投资者（资产配置、投资业绩）的影响已有学者进行了深入的研究（孔东民等，2015；肖斌卿等，2017），而机构与企业之间的信息反馈则还主要集中在分析师关注和机构持股上（谢震等，2014；曹新伟等，2015），对于机构调研这一资本市场信息反馈机制对公司投资决策的影响研究则更少。由于目前仅有深交所强制规定了机构调研信息的披露，因此在国外文献中也鲜有对机构投资者调研对于企业决策影响的研究。这一领域的研究值得深入，也有待深入。

本文的学术创新主要体现在以下几点：首先，本文丰富了关于机构调研与公司创新关系的研究。关于资本市场的信息反馈对公司研发投入的影响，已有文献主要是从分析师关注和机构持股两个角度进行研究，还没有文献从机构调研的角度探讨其对上市公司研发投入的影响；在机构调研方面，已有文献则主要从调研能否对分析师的预测和基金的业绩产生影响的角度进行研究，而还未有学者反向研究机构调研对于上市公司治理和决策的影响。其次，本文从"机构调研—企业创新意识—企业研发投入"的思路进行了研究，弥补了现有文献在这一领域的空白。最后，本文的研究探讨了资本市场向上市公司反馈信息的作用渠道，相对以往更多地关注企业向资本市场传递信息，这一研究有助于进一步厘清资本市场和企业之间的交互作用。

本文后续安排如下：第二部分回顾国内外文献中关于机构投资者对企业研发投入影响的文献；第三部分为根据文献综述和前人研究提出理论假设；第四部分为本文的研究设计和数据说明；第五部分为实证研究分析；第六部分为结论和政策启示。

二、文献综述

由于国外的证券交易所没有强制要求披露机构投资者调研信息，因此西方学者很少对机构调研影响企业投资决策，特别是创新研发投入进行研究，而主要关注机构持股和分析师关注等资本市场行为对企业创新的影响。本文将机构调研视为资本市场和上市公司之间实现互动的重要模式，进而研究机构调研对于企业创新和研发投入的影响。

（一）机构调研对公司治理的影响

近年来，随着投资机构实力的壮大、交通便利程度的提升和价值投资理念的兴起，机构调研成为上市公司与资本市场信息交互和良性互动的重要形式，越来越多的投资机构会到上市公司进行实地调研，也有越来越多的上市公司在接待机构调研的同时积极收集获取来自资本市场的信息。机构重视实地调研的主要原因在于以下几点：第一，机构调研能够让机构投资者获得公开信息之外的额外信息；第二，与通过书面或多媒体的"间接"沟通方式相比，实地调研这种信息交流形式更加灵活（Frankel等，2000）；第三，与公司高管的当面直接交流能更深刻地了解管理层的价值观和能力水平，从而有助于从"人"这个最重要的角度去评估公司的战略和潜力（Roberts等，2006）。

现有的关于机构调研的研究中，主要集中在实地调研对机构本身的影响：贾琬娇等（2015）研究表明分析师调研有助于提高其对于企业和行业的盈利预测准确度；肖斌卿等（2017）的研究也支持这一观点，他们认为分析师调研使其更有可能挖掘到行业中价值被低估的企业。孔东明等（2015）研究发现基金经理更愿意访问高市值、业绩良好、信息质量较高的上市公司，上市公司被券商分析师覆盖的程度越高，被基金经理访问的概率也越大。同时，基金经理的实地调研也能显著提升基金业绩，即实地调研能使机构投资者获得信息优势，能够更加准确地进行业绩预测和择时交易。也有些学者对于分析师调研能否提高盈利预测准确性的问题提出了相反的观点，韦德洪等（2013）研究发现投资机构的实地调研导致分析师的预测趋于乐观，从而降低了对于公司盈利预测的准确性。

近年来，也有些学者开始研究机构调研对于公司治理的影响：谭劲松等（2016）研究发现机构调研能提升公司的信息披露质量，机构调研次数和参与的机构家数与信息披露质量正相关，券商分析师和基金经理参与调研对信息披露质量的影响最为显著。程小可等

（2017）选取 2013—2015 年深交所信息披露网站中上市公司的调研数据研究发现，机构调研能够提高企业信息的透明度，减少机构投资者与企业间的信息不对称程度，从而削弱了管理层的信息优势，降低企业的盈余管理。王珊（2017）研究发现投资者调研能够降低企业的盈余管理水平，并且这一效应在信息环境较差和接待声誉较高的调研机构的企业中更加明显。

（二）机构投资者对于企业创新的影响机制

Allen 和 Gale（2001）认为资产价格在资源配置方面起到信息集成器的功能，集成和反映了来自投资机构和上市公司的信息——投资机构希望能从股价中获得上市公司的项目信息，上市公司也希望从股价中获得投资机构对公司本身及其所处行业的估值判断。以资产价格作为纽带，资本市场和上市公司之间可以实现信息传递的交互：一方面，上市公司的各种信息会通过资本市场的各种交易反映到股价上；另一方面，资本市场的各种信息也会通过各种渠道反馈给上市公司。不少学者对这一信息反馈机制从机构投资者以及证券分析师关注的角度对企业研发投入的影响进行研究，有两种不同的结论：机构投资者对降低或者提高企业研发水平，其根本的差异可以总结为机构投资者更重视企业的长期业绩还是企业的短期业绩，其作用途径包括压力机制和信息机制。

1. 压力机制——机构持股抑制了企业创新。部分学者认为机构投资者同普通投资者一样，具有风险厌恶的倾向，从而对企业研发投入持有否定的态度。机构投资者更关注企业的短期业绩，而不愿意所投资企业进行周期长、风险高的项目研发，企业趋向于减少研发投入来降低费用，从而提振公司短期业绩（He 和 Tian，2013）。因此，当机构投资者成为企业的主要控股股东或持有较大股权比例时，为了获取更高的短期回报，机构投资者会通过自身的投票权向管理层施压，从而减少企业长期项目的投入和创新活动（Hill 等，1988）。

2. 信息机制——机构持股促进了企业创新。机构投资者对于行业和公司的理解要强于一般投资者，同时市场存在专门的行业分析师对企业进行研究，专业化投资者能够分析清楚复杂的研发项目存在价值，对其未来的收益进行有效解读，这能降低管理层对研发投入会造成企业价值低估的担忧（He 和 Tian，2013），同时能够给企业带来行业中的信息，推动企业创新。Aghion 等（2013）从 Holmstorm（1999）的职业风险（Career Concerns）模型出发，认为机构投资者持股的"保证"（Insurance）缓解了管理者在创新活动中承担的职业风险，并提高其薪酬议价能力，进而能够间接增加企业创新投入。此外，机构投资者对企业的研发投入还表现出另一种信息机制效应：与普通投资者相比，机构投资者具有明显的信息优势，能够更加准确地评估研发项目的潜在价值，对其未来的收益进行更加有效的解读，从而降低管理层对研发投入而造成企业价值低估的担忧（He 和 Tian，2013），促进企业创新。Hansen 和 Hil（2005）对美国高技术企业的研究也验证了这一机制，认为机构投资者拥有信息优势，能够更好地捕捉到行业中较为前沿的投资项目动态，给予持股公司以"信息支持"，促进企业的研发投入。Derrien 和 Kecskes（2013）研究发现，分析师关注会显著降低信息不对称，从而降低融资成本，整体上提高企业的投资水平。

3. 异质影响——投资理念不同的机构投资者对企业创新存在异质影响。机构投资者对于企业创新研发投入的异质影响可能在于机构投资者的投资理念差异——注重企业短期业绩的机构投资者会通过各种影响机制降低企业研发投入，而注重企业长期价值的机构投资者则会促使企业研发投入提升。

Sherman 等（1998）研究发现银行和保险机构持股对企业的研发经费并没有显著的影响，养老金机构投资者作为企业的长期股东会促进企业的研发投入，而共同基金则表现为负向的影响。Hoskisson 等（2002）发现不同机构投资者对于企业创新战略的偏好存在差异，公共养老基金倾向于企业内部创新，但投资基金倾向于获得外部创新，不同类型机构投资者会通过选择不同的董事会成员来实现他们的战略目标，养老基金倾向于选择内部董事，他们会更注重企业的内在研发投入，而投资基金趋向于外部董事，他们更偏好通过对外并购等方式实现企业创新。Chen 等（2007）以及 Borochin 和 Yang（2017）的研究发现，长期战略性持股的机构投资者更倾向于开展高成本的信息沟通活动，并尤其注重公司的成长前景，由此导致更加规范的公司治理和投资决策。国内的学者温军和冯根福（2012）利用2004—2009 年国内上市公司的年报数据研究发现：证券投资基金对企业研发没有促进作用，对于国有企业反而呈现出抑制作用，但是合格境外机构投资者（QFII）制度对于民营企业的研发投入有正向的作用。付雷鸣和万迪昉（2012）研究发现风险投资基金相对于非风险投资基金投资者，其在促进企业研发投入的效率更高。此外，机构投资者不同的投资偏好也会显著影响被投资企业的行为：如 Dyck 等（2019）也发现，持股的机构投资者对企业环境和社会责任（Environmental and Social，E&S）信息的关注会促使管理者增加此类研发投入，而这又间接提高了企业产品的市场竞争力。

（三）管理层创新意识对企业创新的影响

Ocasio 等（1997）研究发现，公司高管对于企业的认知及其对认知的执行程度会影响企业的表现，即企业决策者的思想意识会影响其行为进而影响企业的发展。Kaplan（2008）研究了 CEO 认知、组织能力和组织激励之间的相互作用，他通过 71 家通信公司的数据研究表明，CEO 对新技术的关注重点影响了过去 20 年高科技行业企业授予的专利，CEO 对于新技术的重视程度与企业的创新成果相关。Yadav 等（2007）研究表明，将注意力集中在未来事件和银行业外部问题上的 CEO 会积极采用基于互联网的技术和服务。在企业创新意识对研发投入的影响研究中。蒋春燕等（2006）通过对江苏和广东两个省份 676 家企业的调查研究发现，以创新为核心的激进式的企业家精神对新产品的绩效呈现正向的显著关系。Chen 等（2015）研究表明企业高管的创新意识对企业创新活动的影响会因为公司治理的差异而不同，作者运用2006—2011 年中国 394 家制造企业收集的 6 个公司年度观察数据，研究表明高管创新意识与公司的专利申请成正相关。

三、假设的提出

机构持股和分析师关注是资本市场向上市公司反馈信息的重要模式，机构持股和分析师关注均可能对企业研发投入产生正向的影响。机构持股会通过以下两种机制促进企业研发投入：首先是信息机制，即机构投资者能掌握更多的行业信息，有助于降低企业研发投入的不确定性，降低管理层的压力（Aghion 等，2013）；其次是积极股东主义，机构投资者更加看重企业的长期价值,会运用股东权利向管理层施加影响,促使管理层进行更多的研发投入(David 等,2001;Dyck 等,2019;Borochin 和 Yang,2017),提升企业价值。而分析师关注对企业研发投入的影响机制主要如下:第一,分析师对于企业研发项目的解读提升了市场对于企业项目的了解,部分消除了管理层和投资者之间的信息不对称,减轻了管理层对于研发投入的担忧(Guo 等,2019;陈钦源等,2017),这类似于机构持股的信息机制;第二,分析师关注能够有效改善企业的流动性,从而降低了企业的融资成本(Derrien 和 Kecskes,2013),促使企业能更多地进行研发投入。

本文所研究的机构调研的作用机制介于机构持股和分析师关注之间:首先,参与调研的机构投资者或者是被调研企业的持股股东,或者是未来潜在的投资者,因此在某种程度上具有机构持股的性质,因此可以"部分地"通过机构持股机制影响上市公司的投资决策。其次,机构调研往往是机构投资者和券商分析师的联合调研,是最为强烈和直接的一种分析师关注。因此,机构调研具备了机构持股和分析师关注的双重影响。机构调研对企业决策的影响也将通过信息机制进行作用。机构调研作为资本市场和企业间进行信息传递的重要方式,上市公司调研中机构投资者会带来先进企业的经验和信息,进而对企业的研发项目进行解读,因此机构调研对于企业的影响主要通过信息机制促进企业的研发投入。据此,本文提出假设 1:

假设 1(H1):机构调研对上市公司研发投入能够起到正向的促进作用。

机构调研的强度代表了市场对于企业的关注程度,同时,机构对企业的影响理应随着其与管理层的接触频率而增加。机构调研的次数和参与调研的机构越多,则表明越多的机构投资者对上市公司的研发项目状况进行了充分的解读,进而有助于其信息的披露,从而提升估值,降低融资成本,促进企业更多进行研发投入。同时,调研强度越大,机构能给企业带来的外部信息越多,有助于企业了解同行的研发投入情况,促进加大研发投入。基于机构调研强度对企业研发投入的影响,本文提出假设 2:

假设 2(H2):机构调研强度越大,对企业研发投入的促进作用越明显。

为了进一步研究企业调研对于上市公司的影响路径,我们对调研后企业发布的调研记录进行文本分析。由于机构调研直接接触企业高管、董秘或证券业务负责人等,因此研究机构调研是否提高了企业的创新意识可以识别机构调研信息机制的作用。机构调研对于企业创新意识的影响的可能途径如下:在机构调研过程中,机构投资者会与企业交流行业内先进公司的项目及经验,对行业的相关创新热点进行解读,从而引起企业管理者的关注和思考;在调研过程中,创新能力是考察企业核心竞争力的重要部分,由于企业具有提升公司对投资者吸引力的动机,因而在机构调研的过程中,其会向机构投资者展示自身的创新能力和技术发展;在机构调研过程中,机构关心企业当前研发项目的进展和前景,管理层对创新项目进行一定的分析,降低创新项目的信息不对称。

无论出于主动还是被动,创新意识的提升都会促进企业加大研发投入(Kaplan,2008)。决策者的思想意识会影响其行为进而影响企业的投资决策:如蒋春燕和赵曙明等(2006)研究发现,以创新意识为核心的企业家精神会显著提升企业新产品的经营绩效。Cho 和 Hambrick(2006)研究发现高级管理人员更具有创新意识的企业更有可能采取创新行动来享受政策红利。综合以上分析,本文提出假设 3:

假设 3（H3）：机构调研会促进企业的创新意识，进而促进企业的研发投入。

四、研究设计与数据说明

（一）数据来源

本文选取深交所上市公司作为样本，时间跨度为 2012—2016 年。机构调研数据来自 CSMAR 机构投资者活动关系数据库，同时以 Wind 数据库和深交所信息披露网站数据进行手工增补。企业研发投入和公司财务数据来源于 Wind 数据库、CSMAR 数据库及公司年报。企业行业分类采用证监会分类标准，制造业取二级行业，其他取一级行业。同时进行以下步骤的数据筛选程序：（1）剔除企业上市年份数据，以排除上市（IPO）效应；（2）剔除金融行业样本以及样本期间被 ST、PT 等处理过的样本；（3）调研的机构取公募基金、证券公司以及管理规模大于 50 亿元的私募证券投资基金；（4）所有连续变量进行上下 1% 的缩尾处理。在经过筛选后得到机构层面调研样本 135059 个，公司层面调研样本 35853 个，整理成公司样本后，得到 1682 家公司的数据，最终得到 7506 个公司年度层面的样本数据。同时，为了避免混合截面数据带来的聚类问题，本文模型中的标准差经过企业个体和年份的 Cluster 调整。

（二）模型设定与变量定义

为了检验机构调研对企业创新投入的影响，本文构建如下模型：

$$R\&D_{it} = \beta_0 + \beta_1 Inst\_d_{it} + \beta_2 Control_{it} + \sum Ind + \sum Year + \varepsilon_{it} \tag{1}$$

其中，被解释变量 $R\&D_{it}$ 为企业研发投入的代理变量，本文用研发投入额与营业收入比值表示；解释变量 $Inst\_d_{it}$ 为机构调研的虚拟变量，企业当年有机构参与调研则取 1，否则取 0；为了检验机构的调研强度对企业研发投入的影响，本文也以年度机构调研次数（$Inst\_nmb_{i,t}$）和调研机构数量（$Vist\_nmb_{i,t}$）作为解释变量放入模型进行回归。在控制变量方面，参考现有文献（潘越等，2015；黎文靖等，2016；余明桂等，2016；石晓军等，2017；李文贵等，2015；蔡竞等，2016），本文选取了如下变量：（1）企业研报评级的机构数量（$Anst_{i,t}$）；（2）企业机构持股比例（$Inst_{i,t}$）；（3）企业产权性质（$SOE_{i,t}$）；（4）管理层持股比例（$Dir_{i,t}$）；（5）独立董事比例（$Indep_{i,t}$）；（6）前十大股东持股比例（$CR10_{i,t}$）；（7）净资产收益率（$ROE_{i,t-1}$）；（8）托宾的 Q 值（$TobitQ_{i,t-1}$）；（9）资产负债率（$Lev_{i,t-1}$）；（10）企业融资约束程度（$Financial_{i,t-1}$）；（11）企业规模（$Size_{i,t-1}$）；（12）资本性支出比例（$I_{i,t-1}$）；（13）现金流量（$Cashflow_{i,t-1}$）；（14）政府补助（$Gov_{i,t-1}$）；（15）市场化指数（$Market_{i,t}$）；（16）企业业务多元化指数（$HHI_{i,t}$）；（17）企业年龄（$Age_{i,t}$）。同时本文还控制年份和行业固定效应。

为了验证机构调研对企业研发投入的影响机制，即机构调研是否通过信息传递的方式影响了企业的研发投入决策，本文对机构调研后上市公司披露的投资者活动关系表进行文本分析，提取其中体现企业创新意识的变量，其定义如下：

创新意识（$Innovation_{i,t}$）：参照 Chen（2015）的做法，本文通过对上市公司调研报告的文本进行词频分析来测量。具体步骤如下：首先，找出所有机构调研后公司在交易所系统发布的报告，数据来源于深交所互动易平台。其次，利用文本分析软件包进行词频分析，找出关键字的占比。本文选取了"创新""研究""专利""自主""研发""科研""新产品""新技术""开发"这些能体现企业创新意识的词语，计算体现创新意识词汇的总数，并除以每家公司调研的次数，计算得到的比重即代表高管的创新意识。创新意识 = 一年中调研过程体现创新意识关键词的总字数/调研次数。

本文所有变量释义详见表1。

表1 变量定义与说明

项目	变量符号	变量名称	变量定义
被解释变量	$R\&D_{i,t}$	研发投入	（当期研发投入/当期营业收入）×100，取自然对数
	$Innovation_{i,t}$	创新意识	当期调研披露内容中提及创新词汇的平均数，取自然对数
解释变量	$Inst\_d_{i,t}$	是否被调研	上市公司当期是否被机构调研
	$Inst\_nmb_{i,t}$	被调研次数	上市公司 i 当期被机构调研的次数取自然对数
	$Vist\_nmb_{i,t}$	调研机构数量	当期调研上市公司的机构总数取自然对数
控制变量	$Anst_{i,t}$	评级家数	当期对给企业进行研报评级的评级机构数取自然对数
	$Inst_{i,t}$	机构持股比例合计	当期机构投资者持有公司股份占总股份的比例
	$SOE_{i,t}$	股权性质	上市公司的实际控制人为国有企业或各级政府，等于1，否则等于0
	$Dir_{i,t}$	管理层持股比例	当期管理层持有公司股份占总股份的比例
	$Indep_{i,t}$	独立董事比例	当期独立董事人数占董事会人数的比例×100
	$CR10_{i,t}$	前十大股东持股比例	当期前十大股东持有公司股份占总股份的比例
	$ROE_{i,t-1}$	净资产收益率（ROE）	前一期净资产收益率（ROE）
	$TobitQ_{i,t-1}$	托宾 Q 值	前一期托宾 Q 值
	$Lev_{i,t-1}$	资产负债率	前一期资产负债率
	$Financial_{i,t-1}$	融资约束程度	前一期利息支出与固定资产的比值×100，取自然对数
	$Size_{i,t-1}$	企业规模	前一期企业账面总资产取自然对数
	$I_{i,t-1}$	资本性支出比例	前一期资本性支出与总资产的比值×100
	$Cashflow_{i,t-1}$	现金流量	前一期经营活动产生的现金流净额与总资产的比值×100
	$Gov_{i,t-1}$	政府补助	前一期政府补助取自然对数
	$Market_{i,t}$	市场化指数	当期所在省份市场化程度，来自《中国分省份市场化指数报告（2016）》
	$HHI_{i,t}$	企业业务多元化指数	当期企业所在行业的赫芬达指数，公司营业收入占行业总收入比例的平方加总
	$Age_{i,t}$	企业年龄	当期企业年龄取自然对数
	Ind	行业	行业虚拟变量。根据中国证监会《上市公司行业分类指引》（2012年修订）的行业分类标准，其中制造业分类到二级，其他按一级代码分类
	$Year$	年份	年份虚拟变量

注：取自然对数值 = Ln（原值 +1）。

（三）变量描述性统计与相关性检验

表 2 中报告了主要变量的描述性统计结果，从表中的统计结果可以看到，企业的研发投入占比均值为 4.62。而上市公司中被调研的样本占比为 58%，这表明机构调研已经成为投资者和资本市场之间信息交互传递的一种重要方式；企业年度被调研次数（Inst_nmb）的自然对数均值为 0.91，而年度调研机构数的自然对数均值为 1.48，同时可以看到前者的方差较大，说明对不同企业调研的机构数量存在较大的差异，同时二者均显示为右偏，说明机构投资者调研对于企业的选择不具备正态性，机构调研偏好于少数企业。

表 2　　　　　　　　　　　　　　变量描述性统计

变量	mean	max	min	variance	skewness	kurtosis	N
R&D	4.62	25.14	0.00	19.56	2.43	10.29	6232
Innovation	1.14	4.66	0.00	1.97	0.85	2.37	6232
Inst_d	0.58	1.00	0.00	0.24	-0.33	1.11	6232
Inst_nmb	0.91	3.05	0.00	0.90	0.54	1.94	6232
Vist_nmb	1.48	4.66	0.00	2.40	0.46	1.70	6232
Anst	1.65	3.66	0.00	1.19	-0.11	1.87	6232
Inst	0.34	1.47	0.00	0.06	0.33	2.10	6232
SOE	0.25	1.00	0.00	0.19	1.18	2.39	6232
Dir	0.20	0.71	0.00	0.05	0.76	2.07	6232
Indep	0.37	0.57	0.33	0.00	1.39	4.85	6232
CR10	0.60	0.96	0.10	0.02	-0.48	2.63	6232
ROE	0.08	0.37	-0.35	0.01	-0.80	8.04	6232
TobitQ	2.88	17.54	0.25	7.88	1.70	2.17	6232
Lev	0.38	0.90	0.03	0.05	0.40	2.25	6232
Financial	1.50	4.90	-5.92	1.68	-0.27	4.78	6232
Size	21.61	27.14	15.58	1.22	0.69	4.89	6232
I	6.03	25.67	0.02	28.79	1.42	4.93	6232
Cashflow	3.67	23.13	-20.03	52.20	-0.27	4.09	6232
Gov	15.10	19.28	0.00	11.53	-1.42	5.66	6232
HHI	7.93	10.50	0.00	2.82	-0.79	3.43	6232
Market	0.07	0.45	0.01	0.01	0.32	3.28	6232
Age	1.85	3.26	0.00	0.61	-0.06	2.09	6232

注：以上为剔除数据有缺失的样本进行分析。

在表 3 中对本文的主要变量进行了相关系数检验。从表 3 中可以看出，除了资产负债率、股权性质、融资约束程度、企业年龄与企业研发投入负相关，其他因素均与企业研发显著正相关。各变量中，除了 Inst_d、Inst_nmb 与 Vist_nmb 的相关性较大外，可以看到企业年龄（Age）与企业前十大股东持股比例（CR10）负相关，融资约束和企业负债率存在较大的显著关系。模型中各变量的相关系数绝对值均小于 0.5,因此不存在严重多重共线性问题。

表3 变量相关性检验

变量	R&D	Innovation	Inst_d	Inst_nmb	Vist_nmb	Anst	Inst	SOE	Dir	Indep
R&D	1									
Innovation	0.30*	1								
Inst_d	0.19*	0.08*	1							
Inst_nmb	0.19*	0.00*	0.81*	1						
Vist_nmb	0.22*	0.08*	0.81*	0.93*	1					
Anst	0.10*	0.05*	0.22*	0.34*	0.39*	1				
Inst	0.14*	0.01	0.04	0.08*	0.09*	0.20*	1			
SOE	-0.23*	-0.16*	-0.11*	-0.11*	-0.13*	-0.07*	0.31*	1		
Dir	0.27*	0.17*	0.13*	0.12*	0.15*	0.16*	-0.45*	-0.45*	1	
Indep	0.06*	0.03*	0.02*	0.01*	0.02*	-0.01	-0.07*	-0.08*	0.09*	1
CR10	0.07*	0.04*	0.05*	0.04*	0.05*	0.24*	0.17*	-0.16*	0.28*	0.03*
ROE	0.02*	0.09*	0.05*	0.11*	0.14*	0.43*	0.13*	-0.04*	0.07*	-0.01
TobitQ	0.32*	0.18*	0.12*	0.12*	0.20*	0.05*	-0.06*	-0.22*	0.16*	0.08*
Lev	-0.44*	-0.17*	-0.09*	-0.08*	-0.09*	-0.14*	0.23*	0.31*	-0.37*	-0.04*
Financial	-0.22*	-0.13*	-0.07*	-0.08*	-0.06*	-0.08*	0.05*	0.06*	-0.13*	0.03*
Size	0.02*	0.01	0.10*	0.11*	0.12*	0.25*	0.38*	0.36*	-0.31*	-0.03*
I	0.01	0.00	-0.01	0.00	0.00	0.19*	-0.03*	-0.09*	0.10*	-0.01
Cashflow	0.00	0.11*	0.09*	0.10*	0.11*	0.13*	0.11*	0.04*	-0.03*	-0.00
Gov	-0.01	0.17*	0.17*	0.17*	0.16*	0.21*	0.05*	0.02*	0.07*	0.00
HHI	0.18*	0.25*	0.23*	0.24*	0.26*	0.05*	-0.03*	-0.24*	0.16*	0.02*
Market	0.24*	0.00	0.00	0.01	0.05*	0.07*	-0.02*	-0.03*	0.09*	0.02*
Age	-0.32*	-0.12*	-0.06*	-0.06*	-0.08*	-0.26*	0.33*	0.46*	-0.46*	-0.02*

变量	CR10	ROE	TobitQ	Lev	Financial	Size	I	Cashflow	Gov	HHI	Market
CR10	1										
ROE	0.24*	1									
TobitQ	0.04*	0.13*	1								
Lev	-0.22*	-0.12*	-0.32*	1							
Financial	-0.11*	-0.05*	-0.18*	0.45*	1						
Size	-0.00	0.11*	-0.10*	0.42*	0.24*	1					

续表

变量	CR10	ROE	TobitQ	Lev	Financial	Size	I	Cashflow	Gov	HHI	Market
I	0.14*	0.05*	−0.06*	−0.11*	−0.24*	−0.06*	1				
$Cashflow$	0.05*	0.26*	0.09*	−0.14*	−0.21*	0.06*	0.11*	1			
Gov	0.08*	0.05*	−0.12*	0.00	−0.10*	0.25*	0.15*	0.08*	1		
HHI	0.11*	0.05*	0.13*	−0.11*	−0.02*	−0.05*	−0.04*	0.03*	0.01	1	
$Market$	0.00	0.07*	0.15*	−0.10*	0.10*	−0.12*	−0.05	−0.01	−0.12*	−0.00	1
Age	−0.46*	−0.11*	−0.12*	0.49*	0.19*	0.42*	−0.24*	0.05*	−0.13*	−0.15*	−0.07*

注：＊表示在10%的水平上显著。

五、实证分析

（一）机构调研对于企业创新的影响

1. 基本回归结果。本文首先对企业研发投入（R&D）这一指标进行处理。以往的文献对于指标的缺失值主要采用两种方法：一种是将缺失值用 0 代替，另一种是将 R&D 缺失的样本剔除。出于稳健性考虑，本文将这两种方法均进行回归。具体的回归结果见表 4 的模型（1）。

表4 上市公司是否被调研对其研发投入的影响

变量	模型（1）		模型（2）
	缺失值用 0 替代	剔除缺失值	Heckman 两阶段回归
$Inst\_d_{i,t}$	0.6027***	0.4980***	0.6084***
	(0.1304)	(0.1431)	(0.1504)
$Anst_{i,t}$	0.0187	0.0017	0.0179
	(0.0730)	(0.0800)	(0.0807)
$Inst_{i,t}$	0.0092***	0.0085**	0.0099***
	(0.0034)	(0.0037)	(0.0038)
$SOE_{i,t}$	0.1794	0.2042	0.1705
	(0.2042)	(0.2472)	(0.2463)
$Dir_{i,t}$	1.2430**	0.8994*	1.0915**
	(0.4895)	(0.5030)	(0.5108)
$Indep_{i,t}$	1.4023	1.7255	1.2857
	(1.2524)	(1.4371)	(1.4465)
$CR10_{i,t}$	−0.0230***	−0.0262***	−0.0298***
	(0.0071)	(0.0085)	(0.0089)

续表

变量	模型（1）		模型（2）
	缺失值用 0 替代	剔除缺失值	Heckman 两阶段回归
$ROE_{i,t-1}$	−0.0264 ***	−0.0316 ***	−0.0368 ***
	(0.0064)	(0.0078)	(0.0082)
$TobitQ_{i,t-1}$	0.2820 ***	0.4280 ***	0.4272 ***
	(0.0671)	(0.0719)	(0.0718)
$Lev_{i,t-1}$	−0.0473 ***	−0.0501 ***	−0.0523 ***
	(0.0048)	(0.0058)	(0.0059)
$Financial_{i,t-1}$	−0.0193 ***	−0.0299 ***	−0.0310 ***
	(0.0045)	(0.0072)	(0.0072)
$Size_{i,t-1}$	0.1157	0.0753	0.0917
	(0.1137)	(0.1432)	(0.1442)
$I_{i,t-1}$	0.0037	0.0108	0.0153
	(0.0112)	(0.0120)	(0.0121)
$Cashflow_{i,t-1}$	−0.0105	−0.0150	−0.0179 *
	(0.0078)	(0.0097)	(0.0099)
$Gov_{i,t-1}$	0.1221 ***	0.1658 ***	0.2123 ***
	(0.0253)	(0.0531)	(0.0609)
$HHI_{i,t}$	0.0612	0.0439	0.0732
	(0.0413)	(0.0467)	(0.0487)
$Market_{i,t}$	3.5912	5.6513 **	5.3627 **
	(2.4448)	(2.6930)	(2.7013)
$Age_{i,t}$	−0.5473 ***	−0.4094 **	−0.6215 ***
	(0.1696)	(0.1980)	(0.2173)
lambda			2.1349 ***
			(0.7787)
Cons	−0.4816	−0.3532	−1.5765
	(2.2804)	(2.6548)	(2.6594)
Ind	YES	YES	YES
Year	YES	YES	YES
样本量	5660	4853	4853
调整的 R^2	0.437	0.402	0.404

注：括号内为聚类稳健标准误，***、**、*分别表示在1%、5%、10%的显著性水平上显著。

同时，为了消除样本自选择问题，本文采用 Heckman 两阶段模型（Heckman，1979；

Heckman 和 Robb，1985）进一步检验。Heckman 两阶段模型构建过程如下[①]：

$$R\&D_{i,t} = \beta_0 + \beta_1 Inst\_d_{i,t} + \beta_2 Control_{i,t} + \beta_3 lambda + \sum Ind + \sum Year + \varepsilon_{i,t} \quad (2)$$

表 4 的模型（2）报告了 Heckman 两阶段的回归结果，由表可知在运用 Heckman 两阶段模型消除自选择效应后，机构调研对企业研发投入的这种正向影响依然存在，而且在 1% 的显著性水平上拒绝原假设。

通过表 4 的实证结果，本文研究发现，机构调研作为资本市场与上市公司实现信息交互的一种形式，会深刻影响企业的研发投入决策：一方面，由于机构调研时能更深入接触到企业的研发项目和创新进展，对研发项目的市场价值和创新意义进行有效解读，可以有效降低企业创新活动的信息不对称，通过资本市场的回顾性功能给予上市公司积极的反馈；另一方面，机构调研也让机构投资者和分析师为上市公司带来行业发展的最新动向，带来行业中优秀公司的经验和信息，通过资本市场的前瞻性功能反馈给上市公司。从回归结果来看，分析师关注对企业创新投入的总体影响为正，但显著性不高，而机构持股对企业创新投入为正向影响，且较为显著，因此机构投资持股对于企业决策行为的影响更强。机构调研兼具分析师关注和机构持股两种特性，且影响显著程度与机构持股一致。

2. 稳健性检验——PSM 法。表 4 的结果表明机构调研可以促进企业的研发投入，但这一结果可能存在逆向因果关系，即研发投入高的企业更容易吸引机构进行实地调研；同时本文的结论也可能存在遗漏变量的问题。为了排除可能存在的内生性问题对结论形成干扰，本文采用倾向评分匹配法（PSM）进行稳健性检验，PSM 是基于反事实推断模型，使用非实验数据进行干预效应的一类方法。PSM 的操作步骤为选出与被调研企业性质类似，但没有被调研的企业作为对照组，被调研的企业作为实验组，然后进行回归分析。

本文运用马氏距离匹配法进行匹配。在进行马氏距离匹配时，首先需要选择决定实验组和对照组个体特征 d（1 或 0）的变量。本文研究机构投资者对于上市公司的调研行为，因此选择的变量是决定机构投资者是否调研上市公司的因素。在以往文献研究的基础上（孔东民，2015；徐媛媛，2015），选择企业如下指标作为匹配变量：公司规模、流通市值、市净率、盈余质量、市场关注、公司业绩 ROE、实地调研距离、信息披露质量、机构持股比例、公开信息披露质量，以及行业和年份虚拟变量。其中盈余质量选用修正 Jones 模型（Dechow 等，1995），剔除当期小于 30 家企业的行业；信息披露质量使用深交所上市公司公开信息披露考核指标。

在经过匹配后，被调研的实验组中 1710 个样本配对成功，对照组中 1602 个全部匹配成功，匹配结果见表 5。

---

① 第一步：运用 Probit 模型，得到 β_1 的估计量，$Probit(R\&D_{i,t}) = \beta_0 + \beta_1 Inst\_d_{i,t} + \beta_2 Control_{i,t} + \sum Ind + \sum Year + \varepsilon_{i,t}$。

第二步：求取逆米尔斯比例，$lambda$ = 估计量的标准正态 PDF/估计量的标准正态 CDF。

表5   **PSM 匹配结果**

分组	没有匹配	匹配成功	总样本
对照组	0	1602	1602
实验组	2328	1710	4038
合计	2328	3312	5640

表6 报告了 PSM 回归结果。由表可知，通过匹配后的样本进行回归可以看出，机构调研能显著影响企业的研发投入。因此，对于特质相似、被调研概率相同时，机构调研能够促进企业加大研发投入。机构调研对企业创新的促进作用并不是被调研企业的特质所决定的，而是由于机构投资者在调研中对企业创新决策产生了正向的影响。同时可以看到，进行了倾向性匹配后 $Inst\_d_{it}$ 的系数较没有匹配前更小，说明在未匹配之前，机构调研对企业研发投入的影响存在高估，企业研发投入一定程度上受到企业其他特质的影响，这些特质会吸引机构投资者进行实地调研，这也证实了本文采用 PSM 模型的正确性。

表6   **倾向匹配后上市公司是否被调研对其研发投入的影响**

变量	剔除 R&D 缺失值	缺失值用 0 代替
$Inst\_d_{i,t}$	0.4552 ***	0.5230 ***
	(0.1616)	(0.1491)
样本量	2743	3255
调整的 R^2	0.357	0.388

注：括号内为聚类稳健标准误，***、**、*分别表示在 1%、5%、10% 的显著性水平上显著。

（二）机构调研强度对研发投入的影响

1. 机构调研强度对企业研发的影响

在研究了机构调研如何影响企业研发投入后，本文进一步探究机构调研强度对企业研发投入的影响，机构调研强度由两种变量界定，即上市企业年度被调研的次数（$Inst\_nmb_{it}$）和年度参与调研的机构数量（$Vist\_nmb_{it}$），由于一次调研中会有多家机构参与，因此 $Vist\_nmb_{it}$ 要大于 $Inst\_nmb_{it}$。样本剔除没有被调研的企业，只对被调研的企业进行研究。

表7 为机构调研强度对企业研发的回归结果。可以看出，券商调研和基金调研对企业研发投入为显著的正向影响，说明机构调研的强度会显著影响企业的研发投入，当调研的次数增加或者调研的机构数量增多时，均能显著影响企业的研发投入决策。

表7   **不同类型机构调研对其研发投入的影响**

变量	机构调研次数	调研机构数量
$Inst\_nmb_{i,t}$	0.5199 ***	
	(0.1170)	
$Vist\_nmb_{i,t}$		0.5190 ***
		(0.0747)

续表

变量	机构调研次数	调研机构数量
样本量	3647	3647
调整的 R^2	0.411	0.417

注：括号内为聚类稳健标准误，***、**、*分别表示在1%、5%、10%的显著性水平上显著。

2. 工具变量法。现有学者研究表明，企业的不确定性可能导致机构调研的增加，为了解决内生性问题，本文引入工具变量法对表7结果进行检验。具体而言，本文引入调研距离这一变量作为企业研发强度的工具变量，其中调研距离（Distance）使用上市公司总部所在地与机构投资者总部所在地之间的距离平均数取自然对数表示。一方面，调研距离会影响机构投资者对企业的调研行为；另一方面，企业的研发投入不太可能受到其与机构投资者之间距离的影响。本文参照 Coval 和 Moskowitz（1992，2001）、Seasholes 和 Zhu（2010）的方法，通过手工收集不同城市在百度地图中的经度和纬度，并利用经纬度距离的计算公式求取两地距离。在完成对地区距离的求取后，根据每家企业当年被机构调研的样本，对每个调研样本进行距离匹配，然后加总企业当期中与所有机构投资者距离的总和，最后除以机构数量求得均值。同时，本文也检验了工具变量与调研次数和调研机构数的相关性，结果发现，调研距离和二者的关系显著为负，与直觉相符：距离越远时，机构投资者交流越少。

表8报告了工具变量的回归结果。从表8结果可以看出，以调研距离作为调研次数和调研家数的工具变量进行回归之后，调研次数和调研家数对企业创新的影响依然显著为正，且系数相较于不使用工具变量的值更大。调研次数的影响系数为0.94，大于调研家数的系数0.65，符合调研次数相对调研家数较大的基本特征。因此，表8的结论在排除内生性后依然稳健，即机构调研强度与企业的研发投入成正相关关系。

表8　　　　　　　　　　工具变量法分析

变量	使用调研距离作为工具变量	
	机构调研次数	调研机构数量
$Inst\_nmb_{it}$	0.9402 ***	
	(0.1957)	
$Vist\_nmb_{it}$		0.6530 ***
		(0.1329)
样本量	2384	2384
调整的 R^2	0.408	0.416

注：括号内为聚类稳健标准误，***、**、*分别表示在1%、5%、10%的显著性水平上显著。

（三）机制检验

1. 机构调研与企业创新意识。高管作为企业的主要经营者，其创新意识直接决定了企业的研发投入。为了研究高管参与是否会提升在调研中提及的创新次数，以 $Innovation_{i,t}$ 为因变量，$Inst\_nmb_{i,t}$、$Vist\_nmb_{i,t}$ 为自变量进行回归，将机构调研中根据高管是否参与进行分组，对两组进行分别回归。高管参与定义如下：

高管参与：高管定义为"董事长""总裁""总经理"。机构调研过程主要由董事长秘书和证券事务代表负责接待，高管也会出席相关的调研活动。根据对样本的分析，发现调研样本中高管出席的调研次数约占样本的一半。

回归模型如下：

$$Innovation_{i,t} = \beta_0 + \beta_1 Inst\_nmb_{i,t}(Vist\_nmb_{i,t}) + \beta_2 Control_{i,t} + \sum Ind + \sum Year + \varepsilon_{i,t}$$

（3）

表9表明，在有高管参与的调研中，机构调研对于企业创新意识的影响更大。一方面，高管作为企业的核心管理者，对企业的研发项目有深入的了解，拥有对行业和市场更高的敏感性，在调研的过程中，其能够更积极地与机构投资者就企业创新进行信息交流；另一方面，企业高管更加重视企业的创新能力，对机构调研中提及的创新与研发项目信息更加重视，更加有动力去向机构投资者表现企业的创新能力。表9的结论验证了本文的假设3。

表9　　　　　　　　　　　　　　高管参与对创新意识的影响

变量	有高管参与		无高管参与	
$Inst\_nmb_{i,t}$	0.0924 ***		0.0755 ***	
	(0.0117)		(0.0103)	
$Vist\_nmb_{i,t}$		0.0171 ***		0.0109 ***
		(0.0030)		(0.0022)
$Anst_{i,t}$	−0.0667	−0.0417	−0.3050 ***	−0.2782 ***
	(0.0464)	(0.0477)	(0.0590)	(0.0615)
$Inst_{i,t}$	−0.0019	−0.0024	0.0012	0.0010
	(0.0023)	(0.0026)	(0.0025)	(0.0026)
$SOE_{i,t}$	−0.1274	−0.1130	−0.1606	−0.1019
	(0.1020)	(0.1029)	(0.1352)	(0.1436)
$Dir_{i,t}$	−0.4486 *	−0.5812 **	−0.0350	−0.0972
	(0.2467)	(0.2607)	(0.2880)	(0.2922)
$Indep_{i,t}$	−0.3177	−0.5237	−1.0320	−1.1616
	(0.8475)	(0.8730)	(0.7946)	(0.8106)
$CR10_{i,t}$	0.0020	0.0026	0.0005	0.0002
	(0.0034)	(0.0035)	(0.0048)	(0.0047)
$ROE_{i,t-1}$	−0.0053	−0.0047	0.0020	0.0006
	(0.0052)	(0.0053)	(0.0072)	(0.0072)
$TobitQ_{i,t-1}$	−0.1172 **	−0.1466 ***	−0.0044	−0.0263
	(0.0515)	(0.0523)	(0.0310)	(0.0323)

续表

变量	有高管参与		无高管参与	
$Lev_{i,t-1}$	-0.0052^{**}	-0.0054^{**}	-0.0022	-0.0023
	(0.0026)	(0.0025)	(0.0028)	(0.0029)
$Financial_{i,t-1}$	0.0010	0.0011	0.0012	0.0007
	(0.0018)	(0.0017)	(0.0025)	(0.0027)
$Size_{i,t-1}$	-0.1348^{**}	-0.1680^{***}	-0.0132	-0.0508
	(0.0549)	(0.0572)	(0.0698)	(0.0716)
$I_{i,t-1}$	0.0030	0.0023	-0.0166^{*}	-0.0157^{*}
	(0.0071)	(0.0071)	(0.0085)	(0.0089)
$Cashflow_{i,t-1}$	0.0049	0.0085	0.0020	0.0062
	(0.0062)	(0.0062)	(0.0072)	(0.0073)
$Gov_{i,t-1}$	0.0523^{***}	0.0578^{***}	-0.0027	-0.0032
	(0.0165)	(0.0177)	(0.0223)	(0.0235)
$HHI_{i,t}$	-0.0634^{***}	-0.0591^{***}	-0.0187	-0.0084
	(0.0221)	(0.0228)	(0.0261)	(0.0266)
$Market_{i,t}$	2.4394	2.5574	-0.0955	-0.1909
	(1.5870)	(1.6348)	(1.7613)	(1.8290)
$Age_{i,t}$	0.0652	0.0584	0.1284	0.1400
	(0.0989)	(0.1010)	(0.1189)	(0.1218)
$Cons$	1.8713	2.6615^{**}	0.7952	1.7619
	(1.2245)	(1.2529)	(1.4573)	(1.5124)
Ind	YES	YES	YES	YES
Year	YES	YES	YES	YES
样本量	1940	1940	1649	1649
调整的 R^2	0.221	0.194	0.169	0.142

注：括号内为聚类稳健标准误，$***$、$**$、$*$ 分别表示在 1%、5%、10% 的显著性水平上显著。

2. 机构调研通过提高企业创新意识从而提高企业创新投入。将机构调研与创新意识作为交乘项，研究机构调研如何通过影响企业创新意识从而影响企业研发投入。表10结果表明，创新意识对企业创新有显著的正向影响，同时通过交乘项的系数发现，机构调研通过促进企业的创新意识从而提高企业的研发投入。在机构调研中，机构数量的增多对于企业研发投入的影响更大，其原因可能有以下几点：（1）在对于企业研发投入的影响中，机构投资者本身的作用大于调研本身；（2）机构投资者数量的增加，其代表了企业投资者或者潜在投资者数量的增加，企业受到的市场关注便会增加，从而提高股价的流动性，降低融资成本，促进企业研发投入；（3）机构投资者的增加，一定程度上带来更多的行业信息，降低了企业解读行业研发信息的成本。

表 10　　　　　　　　机构调研与创新意识对研发投入的影响

变量	机构调研次数	调研机构数量
$Inst\_nmb_{i,t} \cdot Innovation_{i,t}$	0.0662 ** (0.0340)	
$Vist\_nmb_{i,t} \cdot Innovation_{i,t}$		0.0651 *** (0.0210)
$Inst\_nmb_{i,t}$	0.4384 *** (0.1131)	
$Vist\_nmb_{i,t}$		0.3635 *** (0.0721)
$Innovation_{i,t}$	0.1569 *** (0.0343)	0.1101 *** (0.0285)
$Anst_{i,t}$	−0.0675 (0.0960)	−0.1778 * (0.0964)
$Inst_{i,t}$	0.0085 * (0.0044)	0.0061 (0.0044)
$SOE_{i,t}$	0.0828 (0.3039)	0.1172 (0.3019)
$Dir_{i,t}$	0.7391 (0.5557)	0.5233 (0.5501)
$Indep_{i,t}$	2.2932 (1.6528)	2.2877 (1.6380)
$CR10_{i,t}$	−0.0259 ** (0.0104)	−0.0244 ** (0.0104)
$ROE_{i,t-1}$	−0.0522 *** (0.0113)	−0.0500 *** (0.0112)
$TobitQ_{i,t-1}$	0.4881 *** (0.0788)	0.4539 *** (0.0773)
$Lev_{i,t-1}$	−0.0574 *** (0.0068)	−0.0578 *** (0.0068)
$Financial_{i,t-1}$	−0.0302 *** (0.0075)	−0.0299 *** (0.0074)
$Size_{i,t-1}$	0.0947 (0.1711)	0.0774 (0.1729)
$I_{i,t-1}$	0.0143 (0.0136)	0.0127 (0.0136)

续表

变量	机构调研次数	调研机构数量
$Cashflow_{i,t-1}$	−0.0289 **	−0.0264 **
	(0.0117)	(0.0115)
$Gov_{i,t-1}$	0.2015 ***	0.1939 **
	(0.0770)	(0.0780)
$HHI_{i,t}$	0.0445	0.0215
	(0.0558)	(0.0549)
$Market_{i,t}$	7.2939 **	7.0468 **
	(3.1717)	(3.1687)
$Age_{i,t}$	−0.2790	−0.2040
	(0.2330)	(0.2314)
$lambda$	3.1712 ***	2.5820 ***
	(0.7722)	(0.7113)
$Cons$	−2.6046	−1.6817
	(3.0373)	(3.0394)
Ind	YES	YES
$Year$	YES	YES
样本量	3589	3589
调整的 R^2	0.424	0.429

注：括号内为聚类稳健标准误，*** 、 ** 、 * 分别表示在 1% 、5% 、10% 的显著性水平上显著。由于交叉项存在较严重的共线性，故对交叉变量进行标准化处理。

六、结论与政策建议

本文使用深交所公布的机构调研信息公告，探讨了机构调研对于上市企业研发投入的影响；结合我国资本市场发展的实际情况，对机构调研与企业创新的关系进行了实证研究，并运用 PSM 以及工具变量法进行了稳健性检验；进一步地，本文探讨了二者的内在影响机制。研究结论表明，机构调研会促进企业的研发投入，运用 PSM 模型进行匹配后发现，在同等可能被调研的企业中，被调研的企业研发投入会更高；在被机构调研的公司中，调研次数的增加和调研机构家数的增加会使企业增加研发投入；机构调研通过提高企业的创新意识，进而增加企业的研发投入。

本文的结论表明机构调研对企业创新活动起到了驱动作用，机构（公募基金、私募基金和券商分析师）在实地调研过程中，会提高企业的创新意识。其作用机制可能通过信息机制来实现：机构调研会给企业带来行业内先进企业的经验和信息，降低企业对于研发项目的解读成本，从而提升其研发。据此，本文的主要启示有以下三点：其一，当前我国市场专业机构投资者的占比还不大，而上市公司的股权主要集中在企业管理者手中。鉴于机构投资者对其企业创新的积极作用，监管部门可以考虑放松机构投资者的设立和入市准入方面的限制。其二，资本市场应该进一步完善投资机构与上市公司的沟通机制，加强企业信息披露制度。机构调研会加强资本市场与企业的沟通，方便机构投资者更好地辅助投资决策，也便于企业更好地了解市场的需求以及行业动向。但实地调研需要做到公开公正公平，不能有损中小投资者的利益，因此需要相关部门出台有关的制度，规范机构调研的信息披露，更好地消除信息不对称，让资本市场更好地服务实体经济。其三，应该引导机构投资者更加重视对宏观经济、行业和企业基本面的研究分析，更加关注企业的长期盈利而非短期业绩，提高对盈利能力强、具备长期竞争力的优质企业的估值。企业也能降低融资成本，更多投入研发生产，而持续的盈利也能为投资者带来价值。资本市场和实体经济的良性互动能更好地实现资本市场价值发现和进行更有效的资源配置。

参考文献

[1] 蔡竞，董艳. 银行业竞争与企业创新——来自中国工业企业的经验证据 [J]. 金融研究，2016 (11)：96 – 111.

[2] 陈钦源，马黎珺，伊志宏. 分析师跟踪与企业创新绩效——中国的逻辑 [J]. 南开管理评论，2017，20 (3)：15 – 27.

[3] 冯根福，温军. 中国上市公司治理与企业技术创新关系的实证分析 [J]. 中国工业经济，2008 (7)：91 – 101.

[4] 方军雄. 我国上市公司信息披露透明度与证券分析师预测 [J]. 金融研究，2007 (5)：136 – 148.

[5] 付雷鸣，万迪昉，张雅慧. VC 是更积极的投资者吗？——来自创业板上市公司研发投入的证据 [J]. 金融研究，2012 (10)：125 – 138.

[6] 贾琬娇，洪剑峭，徐媛媛. 我国证券分析师实地调研有价值吗？——基于盈余预测准确性的一项实证研究 [J]. 投资研究，2015 (4).

[7] 蒋春燕，赵曙明. 社会资本和公司企业家精神与绩效的关系：组织学习的中介作用——江苏与广东新兴企业的实证研究 [J]. 管理世界，2006 (10)：90 – 99.

[8] 李文贵，余明桂. 民营化企业的股权结构与企业创新 [J]. 管理世界，2015 (4)：112 – 125.

[9] 孔东民，刘莎莎，陈小林，邢精平. 个体沟通、交易行为与信息优势：基于共同基金访问的证据 [J]. 经济研究，2015 (11)：106 – 119.

[10] 黎文靖，郑曼妮. 实质性创新还是策略性创新？——宏观产业政策对微观企业创新的影响 [J]. 经济研究，2016 (4)：60 – 73.

[11] 潘越，潘健平，戴亦一. 专利侵权诉讼与企业创新 [J]. 金融研究，2016 (8)：191 – 206.

[12] 施荣盛. 投资者关注与分析师评级漂移——来自中国股票市场的证据 [J]. 投资研究，2012 (6)：133 – 145.

[13] 石晓军，王骜然. 独特公司治理机制对企业创新的影响——来自互联网公司双层股权制的全球证据 [J]. 经济研究，2017 (1)：149 – 165.

[14] 王珊. 投资者实地调研发挥了治理功能吗？——基于盈余管理视角的考察 [J]. 经济管理，2017 (7)：180 – 194.

［15］温军，冯根福. 异质机构、企业性质与自主创新［J］. 经济研究，2012（3）：53 – 64.

［16］肖斌卿，彭毅，方立兵，胡辰. 上市公司调研对投资决策有用吗——基于分析师调研报告的实证研究［J］. 南开管理评论，2017（1）：119 – 131.

［17］谢震，艾春荣. 分析师关注与公司研发投入：基于中国创业板公司的分析［J］. 财经研究，2014（2）：108 – 119.

［18］徐媛媛，洪剑峭，曹新伟. 我国上市公司特征与证券分析师实地调研［J］. 投资研究，2015（1）：121 – 136.

［19］余明桂，钟慧洁，范蕊. 业绩考核制度可以促进央企创新吗？［J］. 经济研究，2016（12）：104 – 117.

［20］Beatty A, Liao S, Yu J J. The Spillover Effect of Fraudulent Financial Reporting on Peer Firms Investments［J］. Journal of Accounting and Economics, 2013（3）.

［21］Aghion P, Van Reenen J, Zingales L. Innovation and Institutional Ownership［J］. The American Economic Review, 2013, 103（1）：277 – 304.

［22］Allen F, Gale D. Comparing Financial Systems［J］. Mit Press Books, 2000, 1（2）：209 – 215.

［23］Borochin P, Yang J. The Effects of Institutional Investor Objectives on Firm Valuation and Governance［J］. Journal of Financial Economics, 2017, 126（1）：171 – 199.

［24］Chen S, Bu M, Wu S, et al. How does TMT Attention to Innovation of Chinese Firms Influence firm Innovation Activities? A Study on the Moderating Role of Corporate Governance［J］. Journal of Business Research, 2015, 68（5）：1127 – 1135.

［25］Chen X, Harford J, Li K, Monitoring：Which Institutions Matter?［J］. Journal of Financial Economics, 2007, 86（2）：279 – 305.

［26］Chang H, Liang W, Wang Y, Do Institutional Investors Still Encourage Patent – based Innovation after the Tech Bubble Period?［J］. Journal of Empirical Finance, 2019（51）：149 – 164.

［27］Cheng Q, Fei D, Xin W, et al. Are Investors' Corporate Site Visits Informative?［Z］. Social Science Electronic Publishing, 2013.

［28］Cho T S, Hambrick D C. Attention as the Mediator between Top Management Team Characteristics and Strategic Change：The Case of Airline Deregulation［J］. Organization Science, 2006, 17（4）：453 – 469.

［29］Dechow P, Ge W, Schrand C. Understanding Earnings Quality：A Review of the Proxies, Their Determinants and Their Consequences［J］. Journal of Accounting and Economics, 2010, 50：344 – 401.

［30］Derrien F, Kecskes A, The Real Effects of Financial Shocks：Evidence from Exogenous Changes in Analyst Coverage［J］. The Journal of Finance, 2013（68）：1407 – 1440.

［31］Dyck A, Lins K V, Roth L, Wagner H F, Do Institutional Investors Drive Corporate Social Responsibility? International Evidence［J］. Journal of Financial Economics, 2019, 131（3）：693 – 714.

［32］Fich E M, Harford J, Tran A L. Motivated Monitors：The Importance of Institutional Investors' Portfolio Weights［J］. Journal of Financial Economics, 2015, 118（1）：21 – 48.

［33］Frankel R, Li X. Characteristics of a Firm's Information Environment and the Information Asymmetry between Insiders and Outsiders［J］. Journal of Accounting and Economics, 2004（2）：229 – 259.

［34］Fracassi C. Corporate Finance Policies and Social Networks［J］. Management Science , 2017（63）：2420 – 2438.

［35］ Graham J R, Harvey C R, Rajgopal S. The Economic Implications of Corporate Financial Reporting ［J］. Journal of Accounting and Economics, 2005, （40）: 3 – 73.

［36］ Guo B D, Pérez – Castrillo A, Toldrà – Simats. Firms' Innovation Strategy under the Shadow of Analyst Coverage ［J］. Journal of Financial Economics, 2019, 131 （2）: 456 – 483.

［37］ He J, Tian X. The Dark Side of Analyst Coverage: The Case of Innovation ［J］. Journal of Financial Economics, 2013, 109 （3）: 856 – 878.

［38］ Hill C W, Snell S A. External Control, Corporate Strategy, and Firm Performance in Research – intensive Industries ［J］. Strategic Management Journal, 1988 （6）: 577 – 590.

［39］ Hoskisson R E, Hitt M A, Johnson R A, et al. Conflicting Voices: The Effects of Institutional Ownership Heterogeneity and Internal Governance on Corporate Innovation Strategies ［J］. Academy of Management Journal, 2002 （4）: 697 – 716.

［40］ Kaplan S. Cognition, Capabilities, and Incentives: Assessing Firm Response to the Fiber – optic Revolution ［J］. Academy of Management Journal, 2008, 51 （4）.

［41］ Leary M T, Roberts M R. Do Peer Firms Affect Corporate Financial Policy ［J］. The Journal of Finance, 2014 （1）: 139 – 178.

［42］ Chen M, Smith K G, Grimm C M. Action Characteristics as Predictors of Competitive Responses ［J］. Management Science, 1992 （3）.

［43］ Ocasio W. Towards an Attention – based View of the Firm ［J］. Strategic Management Journal, 1997 （8）: 187 – 206.

［44］ Sherman H, Beldona S, Joshi M. Institutional Investor Heterogeneity: Implications for Strategic Decisions ［J］. Corporate Governance: An International Review, 1998 （3）: 166 – 173.

［45］ Shue K. Executive Networks and Firm Policies: Evidence from the Random Assignment of MBA Peers ［J］. The Review of Financial Studies, 2013 （26）: 1401 – 1442.

［46］ Li V. Do False Financial Statements Distort Peer Firms Decisions? ［J］. Accounting Review, 2016 （1）.

［47］ Yadav M S, Prabhu J C, Chandy R K. Managing the Future: CEO Attention and Innovation Outcomes ［J］. Journal of Marketing, 2007, 71 （4）: 84 – 101.

Institutional Research, Peer Effect and Innovation

——An Empirical Discovery Based on China's Capital Market

Qingfeng Cai   Zhendong Huang

(*School of Economics of Xiamen University*, *Xiamen*)

Abstract: The transfer of information between capital markets and listed companies is interactive and mutually influential. In recent years, institutional research has gradually become an important channel for analysts to predict capital market feedback to listed companies, and its influence on company decision – making, but there is little literature on this information mechanism.

57

This paper uses the institutional research data published by the Shenzhen Stock Exchange Information Disclosure Website in 2011 – 2016 to study the impact of institutional research on the innovation of listed companies. The study found that institutional research will promote the company's R&D investment, and the greater the intensity of the research, the greater the impact; and through the textual analysis of the research report, it is found that the institutional research will significantly improve the company's sense of innovation, and institutional research will enhance the company's innovation awareness. The research in this paper expands the research on information exchange and mutual influence between capital markets and listed companies.

Keywords: Institutional Research; Innovation Awareness; R&D Investment

"人心思稳"

——盈余惯性的异质性解释

◎朱　超　易　祯　刘宇霄[①]

内容摘要：本文从时间、行业、公司三个维度探究盈余惯性的异质性，分析到底在何种情况下股票会获得这一溢价。研究结果表明，中国股票市场存在盈余惯性现象，这一现象在市场相对稳定的时期、制造性和资源性行业、规模较大的公司中更加明显，均反映了投资者会给予"稳定"（稳定的时间、稳定的行业、稳定的公司）更持续的超额回报，体现了"人心思稳"的特征。本文随后从内部人交易视角开展进一步印证，内部人买入可视为"公司更稳"的信号，体现为放大盈余惯性，反之，内部人卖出可视为"公司更不稳"的信号，体现为放大亏损惯性，验证了投资者对"稳定"的偏好。本文发现盈余惯性在时间、行业和公司层面的差异，表现出很强的为"可靠"付费的特征，即在动荡的市场中"人心思稳"。这一现象和解释应引起市场监管者和公司层面的重视，以及对投资者行为的进一步研究。

关键词：盈余惯性；未预期盈余；异质性；内部人交易

一、引言

上市公司发布盈余公告后，未预期盈余与股票价格超额回报率存在同向变化关系，这种关系在后来被定义为盈余惯性（Ball 和 Brown，1968）。后续研究对这一现象进行了诸多讨论，如发展出不同的盈余惯性度量指标（Beaver，1968）、从盈余公告发布后的股票价格的分析中发现盈余惯性（Foster，1977；Patell 和 Wolfson，1984）、从未预期盈余与超额

① 作者简介：朱超，经济学博士，首都经济贸易大学金融学院教授，研究方向：国际金融学、金融风险管理。

易祯，经济学博士，首都经济贸易大学金融学院讲师，研究方向：国际金融学、金融风险管理。

刘宇霄，经济学硕士，中国出口信用保险公司，研究方向：国际金融学、金融风险管理。

基金项目：国家自然基金面上项目（71873092）、教育部人文社会科学规划基金项目（17YJA790100）、首都经济贸易大学北京市属高校基本科研业务费专项资金资助。

收益的方向性研究具体到边际影响大小（Beaver 等，1979）、分析和比较发达经济体和发展中经济体盈余惯性的异同（Dou 等，2016），等等。

　　文献中对于盈余惯性的解释可以分为两类。第一，从公司角度，认为盈余惯性是因为承担额外风险或额外交易成本，而传统的计量模型没有捕捉到这种风险或交易成本，导致出现盈余惯性。这一类文献认为，未预期盈余较大的公司，往往其经营不确定性较高，较高的风险承担对应着较高的风险溢价，因此观察到的盈余惯性是因模型对风险的刻画不足造成的。早期的研究如 Ball（1978）认为，数据中观察到的盈余惯性，其本质上是资本资产定价模型（CAPM）的估计偏误，在纠正这种偏误后盈余惯性会减弱，市场依旧有效。后续的一些研究对此展开更为细致的讨论，如 Ball 等（1990）在 CAPM 模型中引入时变 β 系数后，盈余惯性现象不再明显。Fama（1998）也认为由于计量方法而产生的盈余惯性并不能说明资本市场无效。然而也有部分研究认为，计量方法的改变并不能完全消除盈余惯性这一异象，如 Bernard 和 Thomas（1989）在尝试了多种方法之后得出结论，无论市场处于何种状态，利好公司的正向超额收益与利空公司的负向超额收益始终存在，计量模型的估计偏误不足以解释盈余惯性。Chordia 和 Shivakumar（2006）也发现，即使采用三因子模型对各类组合进行风险调整以解释超额收益，也不能完全解释盈余惯性。

　　第二，从投资者角度，认为非理性投资者在面对信息时会出现偏差，可以解释盈余惯性。投资者偏差可以分为信宿（Information Sink）、信道（Information Channel）、信源（Information Source）三个层面。

　　信宿偏差理解为投资者对信息的理解水平和心理偏误，这种偏差会引起盈余惯性。（1）关于对信息理解水平的代表性研究认为，机构投资者行为能够解释短期和长期内的盈余惯性，孔东民和柯瑞豪（2007）发现机构投资者因拥有更大信息优势而能解释盈余惯性，而 Lin 等（2016）则发现，投资者关注较低的企业往往具有更大的盈余惯性。（2）关于对心理偏误的代表性研究，如谭伟强（2008）发现中国股票收益率存在"周历效应"与"集中公告效应"，Dellavigna 和 Pollet（2009）发现周五发布公告的公司股票价格的盈余惯性更加明显。类似的现象也在权小锋和吴世农（2010）、王磊等（2012）的研究中有所体现。

　　信道偏差来源于信息传递过程中导致的信息损失，主要体现在媒体报道与分析师行为的偏差之中。针对媒体报道的研究表明，被报道次数较多的股票有着更小的盈余惯性，能显著提升股价信息含量，因此盈余惯性的原因可能是报道的选择性（张圣平等，2014）。针对分析师行为的研究显示，分析师对于股票的盈余预测会显著影响股票价格的市场表现（Brown 等，1987）。周开国等（2014）结合媒体报道与分析师行为发现，分析师的关注度会随着媒体关注度的增加而显著提升，分析师盈余预测准确度也随着媒体关注而上升。

　　信源偏差来源于信息源发布信号时出现的偏差，主要体现为信息不确定性与内部人行为。信息不确定性会增加公司信息风险，提高公司盈余的不可预测性，作用于盈余惯性。内部人行为则体现为两个方面：一是可以对外公开披露信息的高管（如董事会秘书）的经历或背景可以显著减缓盈余惯性（毛新述等，2013），另外，高管的兼任情况（高强和伍利娜，2008）、财务背景（姜付秀等，2016）、性别特征（林长泉等，2016）均能够提高盈余的信息质量。二是内部人交易行为也会影响盈余惯性。内部人会在利好消息发布前大量买入公司股份，在利空消息发布前大量卖出公司股份（Penman，1985）。后续的诸多文献对此展开讨论，发现内部人更容易在市场对公司盈余预测误差不敏感时获利（Rogers 和Stocken，2005），且内部人买入行为往往伴随较为负面的市场预测信息，反之则相反（Cheng 和 Lo，2006）。内部人交易的方向性研究发现，内部人的反转型交易会削弱市场的盈余惯性，而顺势型交易则会放大盈余惯性（Dargenidou 等，2018）。当然也有研究认为，内部人交易不影响盈余惯性，如 Fishman 和 Hagerty（1992）、Core 等（2006）。

然而，虽然文献关注从公司和投资者层面解释盈余惯性，但为什么同样的未预期盈余，会带来不同的累计超额回报？我们思考：盈余惯性是否在结构上体现出聚类特征？这种聚类有何规律？为了回答这两个问题，本文开展以下三步研究设计：第一步，以中国 A 股市场的个股作为研究对象，从部分典型事实和面板数据模型中，分析中国股票市场是否存在盈余惯性；第二步，讨论盈余惯性的异质性，分析投资者会在什么时间、何种行业、对哪些股票持续支付超额回报，探究盈余惯性的聚类特征；第三步，从内部人买入和卖出交易中包含的信息进行进一步验证。

因此，本文采用 3584 家上市公司 2013 年第一季度至 2018 年第三季度面板数据，从时间、行业、公司规模三个角度研究了盈余惯性的异质性，并从内部人交易的信号作用角度加以验证。我们发现：（1）中国股票市场存在盈余惯性现象，表现为未预期盈余显著正向影响累计超额回报率；（2）盈余惯性现象在市场相对稳定的时期、制造性和资源性行业、规模较大的公司中更加明显，均反映了投资者会给予"稳定"（稳定的时间、稳定的行业、稳定的公司）更持续的超额回报，体现了"人心思稳"的特征；（3）从内部人交易视角进行印证，内部人买入可视为"公司更稳"的信号，体现为放大盈余惯性，反之，内部人卖出可视为"公司更不稳"的信号，体现为放大亏损惯性，这进一步验证了投资者对"稳定"的偏好。

本文的主要贡献体现为探索了盈余惯性的异质性。一个很有意思的新发现是盈余惯性在时间、行业和公司层面的差异，表现出很强的为"可靠"付费的聚类特征，即在动荡的市场中"人心思稳"。本文研究丰富了资本市场的价格信息，丰富了投资行为的研究，具有诸多现实意义：市场监管者可针对特定时期、特定行业和特定企业关注信息披露，企业经营者可根据行业特征和企业发展阶段管理股票市场表现，而投资者可结合自身风险态度和投资需求管理投资组合。

后文结构安排如下：第二部分从部分典型事实中寻找盈余惯性；第三部分建立面板数据模型，发现中国 A 股市场的盈余惯性；第四部分从时间、行业、公司三个角度探讨盈余惯性的异质性；第五部分从内部人交易的信号作用中验证发现；第六部分是结论及政策含义。

二、盈余惯性的部分典型事实

盈余惯性应与"盈余公告的发布"、"未预期盈余与股票价格的关系"两个方面的事实相关。本部分即展示了上市公司信息披露特征及盈余惯性的部分典型事实，旨在初步确定中国市场是否存在盈余惯性。

（一）上市公司信息披露特征

中国上市公司盈余公告的信息披露表现出的第一个特征是，公司集中披露现象明显。图1绘制了样本区间内（此处为2018年3月28日至2018年4月28日，其余月份均有类似结论，不再赘述）同日披露年报的公司数量。可以看出，在这一个月之内，同日公告公司数最多可达1201家，表现出明显的集中披露现象①。这一现象为我们提高了发布盈余公告时间上的可比性。

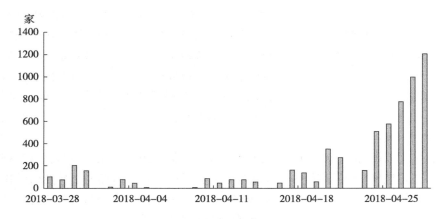

图1　同日披露年报公司数量

（资料来源：Wind数据库，上海证券交易所，深圳证券交易所）

盈余公告信息披露表现出的第二个特征是，公告发布后股票成交量变动明显。当交易量也随着公告发布明显提高时，我们才可以判断盈余惯性是否由盈余公告引起。对于股票成交量的代理变量，本文参考陈晓等（1999），定义盈余公告发布前后20个交易日的相对成交量为$Rv_{it} = v_{it}/Av_{it}$，其中Rv_{it}为股票i在盈余公告之后的第t个交易日的相对成交量，v_{it}为股票i在盈余公告之后的第t个交易日的实际成交量，Av_{it}为股票i在盈余公告之后的第t个交易日的年均日成交量。为剔除上市公司的规模效应，本文以股票年均日成交量取Rv_{it}的加权平均值。图2绘制了中国股票市场2014—2018年盈余公告发布前后股市日交易量的反应。可以看出，在盈余公告发布前后，股票成交量出现明显尖峰。

类似地，图3显示了沪市和深市盈余公告前后股市日交易量反应，与图2结果类似，在盈余公告发布前后，股票成交量也出现了明显的尖峰现象。

---

① 当然这种集中披露也与政策密切相关。按照国家制定的监管条例，盈余公告的年度报表披露日不得晚于每年4月30日。交易所与证监会共同限制了每日最大披露数量，并且鼓励上市公司提前有序发布年报，力争缓解各家公司集中披露与前松后紧的现象。

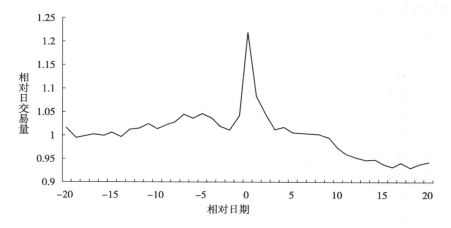

注：（1）图中横坐标为相对日期，取值为 0 表示发布盈余公告当日，取值为负表示发布盈余公告之前，取值为正表示发布盈余公告之后；（2）图中曲线来自沪、深两市上市公司盈余公告发布前后的 Rv_{it} 加权平均值。

图 2　盈余公告前后股市日交易量反应（2014—2018 年）
（资料来源：Wind 数据库，上海证券交易所，深圳证券交易所）

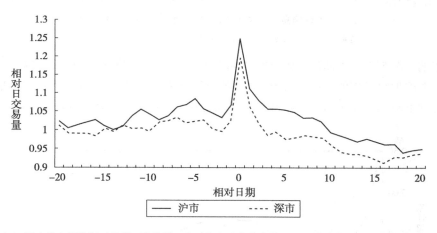

注：（1）图中横坐标为相对日期，取值为 0 表示发布盈余公告当日，取值为负表示发布盈余公告之前，取值为正表示发布盈余公告之后；（2）图中实线和虚线分别来自沪、深两市上市公司的盈余公告发布前后的 Rv_{it} 加权平均值。

图 3　沪深两市盈余公告前后股市日交易量反应（2014—2018 年）
（资料来源：Wind 数据库，上海证券交易所，深圳证券交易所）

（二）中国市场是否存在盈余惯性

本文考察盈余公告发布后市场交易出现明显攀升（见图 2 和图 3）是否伴随盈余惯性现象。本文参考毛新述等（2013）、张圣平等（2014），以个股累计超额收益率在盈余公告发布后的持续性度量盈余惯性。与 Rv_{it} 的计算类似，本文对累计超额收益率进行公司规模加权平均处理，并以未预期盈余的正负将盈余公告分为"好消息"和"坏消息"两组。

图 4 显示了未预期盈余为正的"好消息"盈余公告发布后 40 天之内，个股累计超额

收益率的加权平均值。可以看出，"好消息"发布的公告日之后，个股累计超额收益率出现持续上升，并在 15 天左右达到最大，随后呈现缓慢的稳中下降趋势。

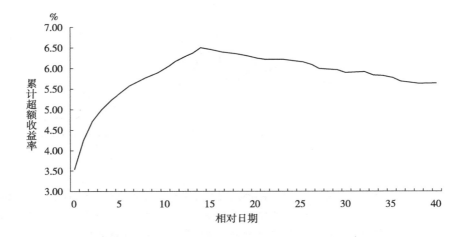

注：（1）图中横坐标为相对日期，取值为 0 表示发布盈余公告当日，取值为正表示发布盈余公告之后；
（2）图中曲线来自沪、深两市上市公司盈余公告发布前后的累计超额收益率加权平均值；（3）图 5 同。

图 4　"好消息"发布后的盈余惯性（2013—2018 年）
（资料来源：Wind 数据库，上海证券交易所，深圳证券交易所）

类似地，图 5 为未预期盈余为负的"坏消息"盈余公告发布后 40 天之内，个股累计超额收益率的加权平均值。可以看出，"坏消息"发布的公告日之后，个股累计超额收益率出现持续下降，并在 7 ~ 8 天达到最低，随后在小幅度回升后持续下降。

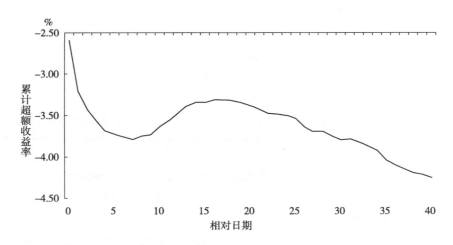

图 5　"坏消息"发布后的盈余惯性（2013—2018 年）
（资料来源：Wind 数据库，上海证券交易所，深圳证券交易所）

从本部分的事实可以看出，中国股票市场的确存在盈余惯性现象，体现为上市公司发布盈余公告后，股票价格会随未预期盈余方向出现持续的同向变化。具体表现如下：

（1）未预期盈余为正的"好消息"发布后，个股累计超额收益率为正，并保持一段时间的上升趋势；（2）未预期盈余为负的"坏消息"发布后，个股累计超额收益率为负，并保持一段时间的下降趋势。

三、盈余惯性的存在性

如果盈余惯性存在，未预期盈余应与累计超额收益率之间存在显著且正向的关系，本部分将建立实证模型分析这种关系，验证中国股票市场中是否存在盈余惯性现象。

（一）模型、变量及数据说明

1. 模型。本文参考 Bartov 等（2000）的计量模型设计，验证未预期盈余和累计超额回报率之间的关系。实证模型设计如下：

$$CAR_{i,q}(T_1, T_2) = \alpha_0 + \alpha_1 UE_{i,q} + X_{i,q}\beta + \lambda_q + \mu_i + \varepsilon_{i,q} \tag{1}$$

其中，$CAR_{i,q}(T_1, T_2)$ 表示公告日后第 T_1 天至第 T_2 天的累计超额回报率；$UE_{i,q}$ 表示未预期盈余；$X_{i,q}$ 为控制变量矩阵；α_0 和 α_1 分别为常数项和未预期盈余系数；β 为控制变量参数矩阵；μ_i 为个体异质性，控制不可观测的公司差异；λ_q 表示时间固定效应，控制与时间相关的变量；$\varepsilon_{i,q}$ 为随机扰动项。下标"i"和"q"分别表示第 i 只股票和第 q 个季度。如果盈余惯性存在，那么式（1）中 α_1 显著且取值为正。

2. 变量。式（1）中的被解释变量为累计超额回报率，参考 Ball 和 Brown（1968）的研究，本文以盈余公告发布后的累计超额收益率（Cumulative Abnormal Return，CAR）作为度量指标。累计超额回报率的计算公式为

$$CAR_{i,q}(T_1, T_2) = \sum_{t=T_2}^{T_1} (R_{i,q,t} - R_{m,q,t}) \tag{2}$$

其中，$R_{i,q,t}$ 为第 i 只股票处于第 q 个季度时，公告发布后第 t 天的收益率；$R_{m,q,t}$ 为第 i 只股票对应的市场指数 m 处于第 q 个季度时，公告发布后第 t 天的收益率。

式（1）中解释变量为未预期盈余，本文借鉴 Bamber（1986）、Han 和 Wild（1990）、Ali 和 Zarowin（1992）、陈晓等（1999）的研究，假设盈余满足随机游走过程，未预期盈余为当期盈余与上一年度同期盈余之差，计算公式为

$$UE_{i,q} = EPS_{i,q} - E(EPS_{i,q}) = EPS_{i,q} - EPS_{i,q-4} \tag{3}$$

其中，$EPS_{i,q}$ 为第 i 只股票在第 q 个季度的季度每股收益，$E(EPS_{i,q})$ 为第 i 只股票在第 q 个季度的季度每股收益期望值。由式（3）可知，本文以上一年同期每股收益率 $EPS_{i,q-4}$ 作为每股收益期望值 $E(EPS_{i,q})$ 的度量指标。

式（1）中的控制变量 $X_{i,q}$ 根据文献和数据可得性选取。本文选取公司规模、账面市值比、资产负债率、信息质量、非流动性、机构投资者持股比例、同日公告数、业绩预告、周末效应作为控制变量，并固定了季度效应和行业效应。

（1）公司规模和账面市值比。Fama 和 French（1993）的研究发现，股票超额收益存在规模效应，公司规模和账面市值将影响超额收益率。结合数据可得性，本文选取公司规模和账面市值比作为控制变量，代理变量分别为当期会计截止日期时公司总市值的自然对

数和当期会计截止日期时公司市净率的倒数。

（2）资产负债率。Dargenidou 等（2018）认为资产负债率可能通过资产结构等角度决定超额收益率，选取公司当期资产负债率作为代理变量。

（3）信息质量。信息质量反映信源对盈余惯性的影响，本文参考 Hutton 等（2009）计算了信息质量，度量方程为

$$\frac{TA_{i,q}}{A_{i,q-4}} = \alpha_0 + \alpha_1 \frac{S_{i,t} - AR_{i,q}}{A_{i,q-4}} + \alpha_2 \frac{FA_{i,q}}{A_{i,q-4}} + \mu \tag{4}$$

$$O_{i,q} = \frac{TA_{i,q}}{A_{i,q-4}} - \left(\alpha_0 + \alpha_1 \frac{S_{i,t} - AR_{i,q}}{A_{i,q-4}} + \alpha_2 \frac{FA_{i,q}}{A_{i,q-4}} \right) \tag{5}$$

其中，$TA_{i,q}$ 为第 i 只股票在第 q 个季度的应计项目，表示为经营利润与经营产生现金流量的差值；$A_{i,q}$ 为第 i 只股票在第 $q-4$ 个季度（上一年同期）的总资产；$S_{i,q}$ 为销售收入变化；$AR_{i,q}$ 为应收账款变化量；$FA_{i,q}$ 为固定资产；$O_{i,q}$ 为信息不确定程度。本文设置信息质量好坏虚拟变量，信息质量在中位数以上取值为"1"，表示信息质量"好"，中位数以下取值为"0"，表示信息质量"差"。

（4）非流动性。流动性会显著影响和决定盈余惯性（Mendenhall，2004）。本文参考张圣平等（2014），计算非流动性比率作为控制变量，计算方程为

$$L_{i,q} = \ln \left(\frac{|AvgR_{i,q}|}{AvgV_{i,q}} \right) \tag{6}$$

其中，$AvgR_{i,q}$ 为第 i 只股票在第 q 个季度的日平均涨幅，$AvgV_{i,q}$ 为日平均交易额。

（5）机构投资者持股比例。本文参考孔东民和柯瑞豪（2007）、Barber 和 Odean（2008），以季度末机构投资者持股比例作为控制变量引入式（1），以控制持股结构对累计超额回报率的影响。

（6）同日公告数。Hirshleifer 等（2009）发现同日内的盈余公告发布数量会影响投资者的关注度，其上升会加剧盈余惯性，本文参考这一做法，引入同日公告数作为控制变量。

（7）业绩预告。根据监管规则，业绩预告的发布时间早于盈余公告的发布时间，对市场预期起到引导作用，影响和决定累计超额回报率。本文取"1 = 季度盈余公告前 30 日内有业绩预告发布，0 = 季度盈余公告前 30 日内没有业绩预告发布"作为业绩预告的代理变量引入计量方程。

（8）周末效应。直觉上，如果盈余公告在周末发布，由于交易时间的滞后性，盈余惯性会显著增强，因此，本文引入"是否在星期五及周末发布盈余公告"作为控制变量。

3. 数据说明。本文选择的样本区间为 2013 年第一季度至 2018 年第三季度，参照张圣平等（2014）对全部上市公司数据作如下处理：第一，剔除关于某变量数据完全缺失和具有明显数据错误的公司；第二，剔除公告时间晚于证监会规定时间的公司；第三，剔除部分变量低于 1% 和高于 99% 的极端值。最终选定了 3584 家上市公司作为研究样本。

本文使用的数据来源为 Wind 数据库和 CSMAR 数据库。具体而言：累计超额收益率、未预期盈余、公司规模、账面市值比、资产负债率、信息质量、非流动性、机构投资者持

股比例、同日公告数、业绩预告、周末效应、行业等变量数据来自 Wind 数据库，个股收益率和市场收益率来自 CSMAR 数据库。表 1 报告了主要变量的描述性统计信息。

本部分使用的实证模型包括静态面板模型和面板工具变量模型，分别采用不同的估计方法：第一，静态面板模型采用混合回归和固定效应估计系数。面板模型可以处理由遗漏公司个体不随时间变化的特异性变量而造成的估计结果不一致，并通过固定效应模型获得一致估计量。在估计时，本文还将采用异方差稳健标准误差进行区间估计，以防止由于异方差而导致的估计结果非有效。第二，采用面板工具变量模型进行处理可能的内生性。本文将选取滞后期未预期盈余作为当期未预期盈余的工具变量，满足相关性和外生性条件。

表1 主要变量描述性统计

变量	样本数	平均值	标准差	最小值	最大值	数据说明
未预期盈余	68055	0.0016	0.2450	-3.6200	3.2393	每股收益前后季度之差 单位：元
公司规模	66271	22.7048	0.9897	19.3950	28.4240	对数处理
账面市值比	66248	0.3519	0.2464	-1.6200	2.4710	无
资产负债率	64947	42.7195	21.3994	4.8370	94.3690	单位：%
信息质量	66271	0.4152	0.4928	0	1	虚拟变量
非流动性	66228	-19.5194	3.2217	-29.5600	0.0000	对数处理
机构投资者持股比例	65609	36.2300	23.1069	0.0000	87.4520	单位：%
同日公告数	65628	347.4645	266.8862	8	1201	单位：个
业绩预告	66271	0.1713	0.3768	0	1	虚拟变量
周末效应	66271	0.4229	0.4940	0	1	虚拟变量

（二）基准估计结果及内生性讨论

1. 基准估计结果。本文首先以选取盈余公告发布后 7 天作为窗口期，计算累计超额收益率，并作为被解释变量估计式（1），表 2 第（1）～（4）栏报告了式（1）的混合面板和固定效应估计结果。表中包含计量方程式中各系数的估计值、稳健标准误以及显著性检验结果。由表 2 第（1）～（4）栏估计结果可知，未预期盈余会显著影响累计超额回报率，影响方向在不同估计方法中均稳健为正，说明中国股票市场中存在盈余惯性现象。本文还对比估计了是否加入控制变量的估计结果，结论基本保持不变。

2. 内生性讨论。本文选择滞后一期的未预期盈余作为当期未预期盈余的工具变量，满足相关性和外生性条件。股票市场参与者会使用现有信息判断未来股票趋势，作为现有信息的一部分，滞后期未预期盈余会反映在当期未预期盈余的决定之中，使未预期盈余存在滞后效应，满足相关性条件。滞后期的未预期盈余仅通过当期未预期盈余影响累计超额回报率，并且由于时间的不可逆性，当期的累计超额回报率不会影响已经发生了的滞后期未预期盈余，滞后期未预期盈余在一定程度上满足了外生性条件。

表 2 中第（5）～（6）栏报告了面板工具变量估计结果，可以看出，在使用工具变量调整了基准计量方程中可能出现的内生性问题之后，本文的基准估计结果依旧成立，未预

期盈余显著影响累计超额回报率，影响方向为正，盈余惯性现象显著，这一发现也在是否加入控制变量的估计结果中保持稳健。

（三）稳健性检验

本文从更换时间窗口选择、更换未预期盈余的度量指标两个角度，对表 2 的基准估计结果开展稳健性检验。

1. 更换时间窗口选择。本文的基准回归中，设定窗口期为 7 天。本部分我们选取 15 天（两周）、30 天（四周）和 45 天（六周）作为窗口期对基准估计结果进行稳健性检验。表 3 汇总了未预期盈余的估计系数、标准误及显著性检验结果，包含控制变量的估计结果见附表 1.1。表 3 中，第（1）和第（2）栏、第（3）和第（4）栏、第（5）和第（6）栏分别为窗口期为 15 天、30 天、45 天的估计结果，第（1）、第（3）、第（5）栏，第（2）、第（4）、第（6）栏分别为固定效应和工具变量估计结果。表 3 结果显示，更换时间窗口后，未预期盈余显著正向影响累计超额回报率，并且在固定效应和工具变量估计结果中成立，基准估计结果在时间窗口期选择中保持稳健。

表 2　　　　　　　盈余惯性存在性基准估计结果（窗口期为 7 天）

解释变量	(1)	(2)	(3)	(4)	(5)	(6)
	基准估计结果				内生性讨论	
	混合面板		固定效应		工具变量	
未预期盈余	1.0207 ***	0.9102 ***	1.0146 ***	0.9762 ***	2.5770 ***	6.2140 ***
	(0.1025)	(0.0958)	(0.1026)	(0.0988)	(0.8146)	(2.3824)
公司规模		−0.0919 ***		−0.2329 ***		−0.3558 ***
		(0.0228)		(0.0533)		(0.0647)
账面市值比		0.2926 ***		1.4442 ***		2.0274 ***
		(0.0772)		(0.1459)		(0.2392)
资产负债率		−0.0030 ***		0.0018		0.0011
		(0.0010)		(0.0025)		(0.0028)
信息质量		0.0521		0.0192		−0.0137
		(0.0359)		(0.0389)		(0.0498)
非流动性		0.0022		−0.0013		−0.0033
		(0.0050)		(0.0055)		(0.0057)
机构投资者持股比例		0.0014		0.0050 ***		0.0005
		(0.0009)		(0.0018)		(0.0026)
同日公告数		0.0006 ***		0.0005 ***		0.0003 ***
		(0.0001)		(0.0001)		(0.0001)
业绩预告		0.0561		0.0363		0.0151
		(0.0494)		(0.0583)		(0.0670)

续表

解释变量	(1)	(2)	(3)	(4)	(5)	(6)
	基准估计结果				内生性讨论	
	混合面板		固定效应		工具变量	
周末效应		-0.2999***		-0.2666***		-0.2098***
		(0.0371)		(0.0397)		(0.0427)
常数项	0.0228	2.0577***	0.0228***	4.1878***	0.0594***	7.1324***
	(0.0239)	(0.5264)	(0.0002)	(1.2544)	(0.0013)	(1.5241)
季度效应		控制		控制		控制
行业效应		控制		控制		控制
样本量	68055	47641	68055	47641	64433	45490
调整的 R^2		0.0017	0.0101	0.0017	0.0033	
F 检验（p 值）	0.0000	0.0000	0.0000	0.0000	0.0016	0.0000

注：(1) 表中 *、**、*** 分别表示估计系数在 10%、5% 和 1% 的显著性水平上显著，括号中为稳健标准误；(2) 表中第 (5) 和 (6) 栏采用滞后一期的未预期盈余作为当期未预期盈余的工具变量，面板工具变量一阶段估计结果显示，F 统计量取值大于 10，R^2 超过 0.5，滞后一期的未预期盈余作为当期未预期盈余的工具变量满足相关性条件。篇幅所限，工具变量一阶段估计结果备索；(3) 后文类似表注不再赘述。

2. 更换未预期盈余的度量指标。基准估计结果中，未预期盈余体现为当期盈余与上一年度同期盈余之差。我们对未预期盈余的度量指标开展稳健性检验，以 q 季度未预期盈余除以前四个季度的未预期盈余标准差，得到标准化后的未预期盈余代理变量。表 4 汇总了未预期盈余的估计系数、稳健标准误及显著性检验结果，包含控制变量的估计结果见附表 1.2（附表 1.2 中第 (1)、第 (2)、第 (3)、第 (4) 栏分别为窗口期为 7 天、15 天、30 天、45 天的固定效应估计结果）。

表3　　　　基于时间窗口的稳健性检验结果（窗口期为 15/30/45 天）

解释变量	(1)	(2)	(3)	(4)	(5)	(6)
	窗口期为 15 天		窗口期为 30 天		窗口期为 45 天	
	固定效应	工具变量	固定效应	工具变量	固定效应	工具变量
未预期盈余	0.5033***	2.5034**	0.6669***	11.8381***	0.4080**	9.0920***
	(0.0749)	(1.2301)	(0.1559)	(4.4255)	(0.1863)	(2.9123)
控制变量	控制	控制	控制	控制	控制	控制
样本量	40818	38905	40397	38279	40145	37979
调整的 R^2	0.0099	0.0022	0.0276	0.0039	0.0366	0.0045
F 检验（p 值）	0.0000	0.0000	0.0000	0.0000	0.0000	0.0000

注：面板工具变量一阶段估计结果显示，F 统计量取值大于 10，R^2 超过 0.5，滞后一期的未预期盈余作为当期未预期盈余的工具变量满足相关性条件。篇幅所限，工具变量一阶段估计结果备索。

表 4 结果显示，基准估计结果在未预期盈余的度量指标选取中保持稳健，未预期盈余在更换代理变量后依旧显著正向影响累计超额回报率，盈余惯性显著。

表 4   **未预期盈余度量指标选取的稳健性检验结果**

解释变量	(1)	(2)	(3)	(4)
	窗口期为 7 天	窗口期为 15 天	窗口期为 30 天	窗口期为 45 天
未预期盈余	0.1646 ***	0.1390 ***	0.2046 ***	0.2038 ***
	(0.0145)	(0.0148)	(0.0305)	(0.0378)
控制变量	控制	控制	控制	控制
样本量	35215	35082	34895	35619
调整的 R^2	0.0114	0.0115	0.0270	0.0278
F 检验（p 值）	0.0000	0.0000	0.0000	0.0000

本文 3584 家上市公司 2013 年第一季度至 2018 年第三季度面板数据，研究了盈余惯性的存在性。本文发现，未预期盈余显著影响累计超额回报率，影响方向显著为正，盈余惯性现象存在，并在是否引入控制变量、处理可能的内生性问题、更换时间窗口选择、更换未预期盈余的度量指标之后，结论稳健。这一发现也与部分文献研究结果一致。Ball 和 Brown（1968）在研究年报事件对股票价格的影响时发现，未预期盈余与股票价格超额回报率存在同向变化关系，这一发现也在后续的一些研究中有所体现（Foster，1977；Beaver 等，1979；Patell 和 Wolfson，1984），并在不同的盈余惯性度量指标（Beaver，1968）、不同市场中（Dou 等，2016）均发现未预期盈余显著正向影响累计超额回报率。

四、盈余惯性的异质性

盈余惯性可能体现出异质性。不同时期、不同行业、不同公司在所处宏观环境、公司的行业特征、公司发展阶段均可能有所差异。本部分将考察这三个方面的差异，探究盈余惯性是否会因时间、行业和公司规模而出现某种规律。

（一）时间异质性

盈余惯性可能因宏观环境发生改变，在不同时期表现出异质性。直觉上，在股票市场出现异常波动的时期，投资者预期和股票实际表现均会发生改变。盈余惯性体现为股票价格随着未预期盈余的变化而同向变化，极易受到预期和股票价格波动的干扰。

本文首先考察了盈余惯性在股票市场异常波动前后异质性。基准估计样本区间为 2013 年第一季度至 2018 年第三季度，这一样本区间包含了 A 股市场在 2015 年 6 月发生的重大异常波动。本文以 2015 年第二季度为分割，将全样本分为两个子样本进行分析。表 5 汇总了两个子样本的未预期盈余估计系数、标准误及显著性检验结果，包含控制变量的估计结果见附表 2.1。表 5 中，第（1）和第（2）栏、第（3）和第（4）栏分别为异常波动前和异常波动后子样本估计结果，第（1）和第（3）栏、第（2）和第（4）栏分别为固定效应和面板工具变量估计结果。

表5   时间异质性检验：异常波动

解释变量	(1)	(2)	(3)	(4)
	异常波动前		异常波动后	
	固定效应	工具变量	固定效应	工具变量
未预期盈余	0.7913 ***	2.3417 **	0.9719 ***	5.4436 ***
	(0.2967)	(0.9940)	(0.1076)	(1.9520)
控制变量	控制	控制	控制	控制
样本量	10480	9423	37161	37143
调整的 R^2	0.0259	0.0263	0.0127	0.0040
F 检验（p 值）	0.0000	0.0000	0.0000	0.0000

注：面板工具变量一阶段估计结果显示，F 统计量取值大于 10，R^2 超过 0.5，滞后一期的未预期盈余作为当期未预期盈余的工具变量满足相关性条件。篇幅所限，工具变量一阶段估计结果备索。

表 5 估计结果显示：（1）股票市场异常波动前后，未预期盈余均会显著正向影响累计超额回报率，这与前文的基准估计结果一致；（2）股票市场出现异常波动后，未预期盈余影响累计超额回报率的边际效应增大。

进一步，本文在表 6 中考察了 2014—2018 年年度数据估计的式（1），表中仅汇报了未预期盈余估计系数、标准误及显著性检验结果，包含控制变量的估计结果见附表 2.2。由表 6 结果可以看出：（1）在非股市异动年份（2014 年、2016 年、2017 年和 2018 年），股票市场明显存在盈余惯性，而在股票市场出现异动的年份（2015 年），盈余惯性不再显著；（2）从盈余惯性大小来看，股市异动后盈余惯性增强。

表6   时间异质性检验：年度异质性

解释变量	(1)	(2)	(3)	(4)	(5)
	2014 年	2015 年	2016 年	2017 年	2018 年
未预期盈余	0.7866 **	0.2110	0.8574 ***	0.8666 ***	1.0466 ***
	(0.3080)	(0.2966)	(0.2028)	(0.2170)	(0.2047)
控制变量	控制	控制	控制	控制	控制
样本量	6541	7677	10088	10088	12171
调整的 R^2	0.0306	0.0250	0.0140	0.0140	0.0509
F 检验（p 值）	0.0000	0.0000	0.0000	0.0000	0.0000

注：面板工具变量一阶段估计结果显示，F 统计量取值大于 10，R^2 超过 0.5，滞后一期的未预期盈余作为当期未预期盈余的工具变量满足相关性条件。篇幅所限，工具变量一阶段估计结果备索。

表 5 和表 6 考察了盈余惯性的时间异质性，发现股票市场异常波动时期没有观察到显著的盈余惯性。对此作如下解释：（1）股市异动时期，投资者更加谨慎，更不愿意为股票支付持续的超额回报；（2）股市相对平稳时期，投资者会按照未预期盈余方向，对股票支付超额回报，体现出盈余惯性的特征。这体现出投资者对"稳定时期"的偏好。

（二）行业异质性

股票价格变化往往体现出行业聚集特征，而投资者对于不同行业的预期也体现出异质性，那么，盈余惯性也应在不同行业体现出不同特征。

本文在表7中估计了不同行业中盈余惯性。根据 Wind 数据库的分类，本文将上市公司分为农、林、牧、渔业，采矿业，制造业，电力、热力、燃气及水生产和供应业，建筑业，批发和零售业，交通运输、仓储和邮政业，住宿和餐饮业，信息传输、软件和信息技术服务业，金融业，房地产业，租赁和商务服务业，科学研究和技术服务业，水利、环境和公共设施管理业，教育，卫生和社会工作，文化、体育和娱乐业，综合18个行业[①]。

表7　　　　　　　　　　　　　　盈余惯性的行业异质性估计结果汇总

行业	(1)	(2)	(3)	(4)	(5)
	盈余惯性	标准误	样本量	调整的 R^2	F 检验（p 值）
农、林、牧、渔业	2.1145 ***	0.5794	630	0.0566	0.0072
采矿业	1.2290 **	0.5856	1076	0.0241	0.0156
制造业	0.9513 ***	0.1307	29306	0.0084	0.0000
电力、热力、燃气及水生产和供应业	1.7743 ***	0.3622	1647	0.0332	0.0000
建筑业	1.3725 ***	0.5086	1324	0.0093	0.4340
批发和零售业	1.0751 ***	0.4032	2482	0.0475	0.0000
交通运输、仓储和邮政业	1.4737 **	0.6404	1421	0.0343	0.0000
住宿和餐饮业	3.9246	2.6645	139	0.1515	0.0000
信息传输、软件和信息技术服务业	0.4053	0.3206	3329	0.0172	0.0000
金融业	0.5688	0.3434	1102	0.0280	0.0004
房地产业	2.2107 ***	0.4149	2063	0.0354	0.0000
租赁和商务服务业	− 0.0256	0.7880	684	0.0139	0.2701
科学研究和技术服务业	0.7697	0.7200	484	0.0291	0.0030
水利、环境和公共设施管理业	1.9665 **	0.8150	668	0.0350	0.0016
教育	0.3495	3.8824	35	0.4722	0.4606
卫生和社会工作	0.7183	0.5462	153	0.1401	0.4504
文化、体育和娱乐业	1.2153	0.9184	749	0.0395	0.0000
综合	2.9809 **	1.3375	347	0.1088	0.0011

由表7结果可知，盈余惯性表现出明显的行业异质性：（1）农、林、牧、渔业，采矿业，制造业，电力、热力、燃气及水生产和供应业，建筑业，批发和零售业，交通运输、仓储和邮政业，房地产业，水利、环境和公共设施管理业，综合10个行业中，未预期盈余显著影响累计超额回报率，盈余惯性存在；（2）住宿和餐饮业，信息传输、软件和信息技术服务业，金融业，租赁和商务服务业，科学研究和技术服务业，教育，卫生和社会工作，文化、体育和娱乐业8个行业中，没有发现明显的盈余惯性现象。

---

①　Wind 数据库中的行业还包括了居民服务、修理和其他服务业，由于样本缺失，本文没有估计这一行业的结果。

盈余惯性的行业聚集效应体现如下：在制造性、资源性行业中，盈余惯性成立，这些行业表现出更加稳定的特征；对于服务性、新兴性行业，投资者没有向股票支付持续的超额回报。我们认为，从行业聚集效应中，投资者体现出对"稳定行业"的偏好，盈余惯性存在于更为"稳定"的行业之中。

自然地，我们还会关注一个问题：盈余惯性的行业差异真的来源于投资者对稳定的偏好吗？行业间的未预期盈余和累计超额回报率是否存在显著差异？为回答这两个问题，我们对未预期盈余和累计超额回报率在行业间开展方差分析（Analysis of Variance, ANO-VA），结果显示，单因素方差分析 F 检验 p 值均为 0.0000，表明未预期盈余和累计超额回报率的确存在显著的行业间差异，体现为盈余惯性的行业异质性。

（三）公司异质性

盈余惯性还应体现出公司异质性。规模不同的公司，在持续盈利能力、风险应对能力等方面存在差异，而投资者对于不同规模公司超额回报的支付意愿也各不相同，因此，盈余惯性还应随公司规模而变。

本文按照公司规模中位数为分界点，将全样本分为较小规模公司样本和较大规模公司样本分别估计式（1），并以未预期盈余与公司规模作为交互项引入式（1）考察公司规模对盈余惯性的影响。表8汇总了固定效应和工具变量估计结果，控制变量和常数项的详细估计结果见附表2.3。表8结果显示，面板工具变量估计结果表明，未预期盈余对累计超额回报率的边际影响随公司规模的上升而增大。盈余惯性随公司规模增大而上升，体现出规模异质性，意味着投资者愿意为规模较大的公司支付更加持续的超额回报，这体现出投资者对于"稳定"公司的偏好。

表8 公司异质性检验

解释变量	(1)	(2)	(3)	(4)	(5)	(6)
	较小规模公司样本		较大规模公司样本		规模交互项	
	固定效应	工具变量	固定效应	工具变量	固定效应	工具变量
未预期盈余	0.8568 ***	4.6506 ***	0.9361 ***	5.2789 **	4.2161 **	6.5687 **
	(0.1573)	(1.3161)	(0.1264)	(2.3675)	(1.8991)	(2.9266)
未预期盈余·公司规模					0.1409 *	2.6518 **
					(0.0825)	(1.2668)
控制变量	控制	控制	控制	控制	控制	控制
样本量	21870	20384	25771	25106	47641	45490
调整的 R^2	0.0091	0.0012	0.0107	0.0033	0.0101	0.0036
F 检验（p 值）	0.0000	0.0000	0.0000	0.0000	0.0000	0.0000

注：面板工具变量一阶段估计结果显示，F 统计量取值大于10，R^2 超过0.5，滞后一期的未预期盈余作为当期未预期盈余的工具变量满足相关性条件。篇幅所限，工具变量一阶段估计结果备索。

（四）"稳定"特征的验证：股票波动率与盈余惯性

盈余惯性的异质性分析结果显示，稳定的时间、稳定的行业、稳定的公司中体现出更加明显的盈余惯性现象，投资者更愿意为符合稳定特征的股票持续支付超额回报，这体现出"人心思稳"的特征。本部分将直接定义股票的"稳定性",并为异质性分析的归纳性结论提供经验证据。

本文首先以股票波动率刻画股票是否稳定,考察时间、行业、公司三个层面,"稳定性"是否存在差异。表9汇报了股票波动率的时间异质性t检验、行业异质性 ANOVA 检验、公司规模异质性t检验的检验结果,可以看出,在10%的显著性水平下,股票波动率的确会因时间、行业和公司规模而变。

表9 股票波动率的时间、行业、公司规模差异

变量	(1)	(2)	(3)	(4)	(5)	(6)
	时间异质性 t 检验		行业异质性 ANOVA 检验		公司规模异质性 t 检验	
	t 统计量	p 值	F 统计量	p 值	t 统计量	p 值
股票波动率	16.7208	0.0000	23.57	0.0000	1.6504	0.0989

随后本文估计了股票稳定与盈余惯性的关系。本文将未预期盈余与股票波动率交互项引入式(1),固定效应和面板工具变量估计结果见表10,包含控制变量的估计结果见附表2.4。结果可知:(1)股票波动率显著影响盈余惯性;(2)股票波动率与盈余惯性之间存在负向关系,波动率较低的股票对应较高的盈余惯性。这表明投资者愿意为更稳定的股票支付持续的超额回报,验证了前文关于"人心思稳"的分析结论。

表10 股票波动率与盈余惯性估计结果

解释变量	(1)	(2)
	固定效应	工具变量
未预期盈余	0.9670 ***	3.3906 **
	(0.1013)	(1.5233)
未预期盈余·股票波动率	− 0.0036 ***	− 0.0038 ***
	(0.0013)	(0.0014)
控制变量	控制	控制
样本量	43615	43615
调整的 R^2	0.0123	0.0040
F 检验(p 值)	0.0000	0.0000

本部分从时间、行业和公司三个层面考察了盈余惯性的异质性发现:稳定的时期(未出现股市异动的时期)、稳定的行业(资源性、传统制造性、基础性行业)、稳定的公司(规模较大的公司)中,盈余惯性现象更为明显,投资者更愿意为满足这些特征的股票持续支付超额回报,体现了"人心思稳"的特征,这也在以股票波动率为"稳定"的代理变量中得到验证。

五、内部人交易：一个作为"稳定"的信号测试

（一）内部人交易的"信号"特征

内部人交易会释放市场信号，影响市场行为。通常投资者会认为，内部人知道更多的公司信息，内部人的交易行为往往会反映公司的真实状况：在公司未来经营状况表现为利好前，由于提前得知了内部消息，内部人往往会买入公司股票；反之，在公司未来经营状况表现为利空前，内部人往往会卖出公司股票。这种内部人对盈余信息的进一步释放，会增加盈余惯性。

文献中也体现了内部人交易作为市场"信号"的作用。Penman（1985）研究发现，内部人会在利好消息前大量买入公司股份，在利空消息前大量卖出公司股份。后续的诸多文献对此展开讨论，发现内部人更容易在市场对公司盈余预测误差不敏感时获利（Rogers 和 Stocken，2005），而内部人买入行为往往伴随较为负面的市场预测信息，反之则反之（Cheng 和 Lo，2006）。

已有研究已经开始将内部人交易作为一种"信号"，研究其对交易量或市场信息的影响。本文借鉴这一思路，将内部人交易作为市场是否"稳定"的信号源，重新审视前述关于"人心思稳"的结论。本部分将关于内部人交易信号作用的讨论分为三个部分：第一，内部人交易的信号作用；第二，内部人交易方向（买入或卖出）的信号作用；第三，按照未预期盈余方向、机构投资者持股比例和业绩预告等变量的分组检验。

（二）模型、变量及数据说明

本文在式（1）中，引入内部人交易与未预期盈余交互项，考察内部人交易对盈余惯性的解释。基准计量方程修正为

$$CAR_{i,q}(T_1, T_2) = \alpha_0 + \alpha_1 UE_{i,q} + \alpha_2 Z_{i,q} + \alpha_3 UE_{i,q} \times Z_{i,q} + X_{i,q}\beta + \lambda_t + \mu_i + \varepsilon_{i,q} \qquad (7)$$

其中，$Z_{i,q}$ 表示调节变量，刻画内部人交易。如果前述"人心思稳"的解释成立，那么内部人买入交易应放大盈余惯性，而内部人卖出交易将压缩盈余惯性。借鉴 Dargenidou 等（2018），本文选取盈余公告发布后 15 个自然日内，是否存在内部人交易设置为"1 = 存在内部人交易，0 = 不存在内部人交易"；内部人买入设置为"1 = 存在内部人买入交易，0 = 不存在内部人买入交易"；内部人卖出设置为"1 = 存在内部人卖出交易，0 = 不存在内部人卖出交易"。

本文选择的样本区间为 2013 年第一季度至 2018 年第三季度，内部人交易数据全部来自 CSMAR 数据库。对于内部人交易，本文只保留了竞价交易、大宗交易和二级市场买卖三类。本部分涉及的调节变量的描述性统计报告见表 11。可以看出，在发布盈余公告后 15 个自然日内约有 4% 的样本存在内部人交易，买入交易为 1.4%，卖出交易为 2.6%。

表 11   内部人交易描述性统计

变量	样本数量	平均值	标准差	最小值	最大值
内部人交易	68055	0.0408	0.1979	0	1
内部人买入交易	68055	0.0145	0.1194	0	1
内部人卖出交易	68055	0.0264	0.1602	0	1

（三）内部人交易的信号效应估计结果

1. 是否存在内部人交易的信号作用。本文首先估计了是否存在内部人交易对盈余惯性的影响。如果内部人交易能够作为公司"稳定"的信号，式（7）中的 α_3 应显著为正。表 12 报告了式（7）估计的未预期盈余、内部人交易和交互项的系数、标准误及显著性检验结果，具体包含控制变量的估计结果见附表 3.1。

表 12   **是否存在内部人交易的估计结果**

解释变量	（1）	（2）	（3）	（4）
	混合面板		固定效应	
	不含控制变量	包含控制变量	不含控制变量	包含控制变量
未预期盈余	0.6442 ***	1.0014 ***	0.6223 ***	1.1056 ***
	(0.0710)	(0.1144)	(0.0719)	(0.1181)
内部人交易	0.2356 **	0.2859 **	0.1951	0.2272 *
	(0.1173)	(0.1199)	(0.1256)	(0.127)
内部人交易·未预期盈余	1.1199 **	0.9878 *	1.2659 **	1.1030 *
	(0.5251)	(0.5288)	(0.5413)	(0.5653)
控制变量	控制	控制	控制	控制
样本量	65208	51638	65208	51638
调整的 R^2			0.0029	0.0202
F 检验（p 值）	0.0000	0.0000	0.0000	0.0000

表 12 结果显示，式（7）中 α_3 显著为正，内部人交易作为公司"稳定"的信号，能够显著放大盈余惯性。表明投资者更愿意为"稳定"的公司持续支付超额回报，体现了"人心思稳"的特征。

2. 内部人交易方向的信号效应。本文随后考察了内部人交易的不同方向对盈余惯性的影响。内部人交易的买入和卖出交易对应不同的信号：（1）对于内部人买入交易，释放出公司更加"稳定"的信号，式（7）中的 α_3 应显著为正；（2）对于内部人卖出交易，释放出公司更加"不稳定"的信号，式（7）中的 α_3 应显著为负。表 13 汇总了估计结果，其中第（1）和第（3）栏、第（2）和第（4）栏分别为内部人买入和内部人卖出的估计结果。表 13 中仅报告了未预期盈余、内部人交易方向和交互项的系数、标准误及显著性检验结果，具体包含控制变量的估计结果见附表 3.2。

由表 13 估计结果可知：（1）内部人买入交易作为公司更加"稳定"的信号，能够显著放大盈余惯性，体现了"人心思稳"的特征；（2）内部人卖出交易作为公司更加"不稳定"的信号，对盈余惯性没有显著影响。

表13   内部人交易方向的估计结果

解释变量	（1）	（2）	（3）	（4）
	混合面板		固定效应	
	买入	卖出	买入	卖出
未预期盈余	0.9142 ***	1.9310 ***	0.9874 ***	2.1674 ***
	(0.1155)	(0.1733)	(0.121)	(0.2129)
交易（买入/卖出）	−0.4341 **	1.5131 ***	−0.4763 **	1.5167 ***
	(0.1960)	(0.1592)	(0.2058)	(0.2385)
交易（买入/卖出）· 未预期盈余	1.2863 **	2.3186	1.2670 *	1.3224
	(0.6426)	(1.5542)	(0.7336)	(1.2778)
控制变量	控制	控制	控制	控制
样本量	50016	52510	50016	52510
调整的 R^2			0.0163	0.0200
F 检验（p 值）	0.0000	0.0000	0.0000	0.0000

（四）内部人交易信号效应的分组检验

本部分从三个视角设计分组检验：第一，未预期盈余符号。实际上，盈余惯性根据未预期盈余的符号，可以分为"盈余惯性"和"亏损惯性"，可能对内部人交易释放的信号作用产生影响。第二，机构投资者持股比例。机构投资者有能力获取或处理市场信息，对市场信号反应迅速，内部人交易信号释放后，信号的传递可能受机构投资者持股比例的影响。第三，是否提前发布业绩预告。与内部人交易类似，业绩预告也可作为公司经营的信号影响投资者行为，可能会分流内部人交易的信号作用。本部分将从内部人交易信号的作用范围、作用渠道、作用替代三个角度进行分组检验。

1. 按照未预期盈余的正负分组。本部分首先按照未预期盈余体现为亏损（符号为负）或盈余（符号为正），将样本分为利空消息组和利好消息组，分组检验内部人交易的调节效应。表14汇总了各子样本中，内部人的买入和卖出交易对盈余惯性的影响，估计时采用固定效应模型，具体包含控制变量的估计结果见附表3.3。

表14估计结果显示，内部人的买入和卖出交易，在利空消息和利好消息时表现的调节效应存在非对称性。具体而言：（1）当市场体现为利空消息时，内部人的卖出交易作为公司"不稳定"的信号，会显著放大盈余惯性（由于未预期盈余为负，这种盈余惯性实际上是亏损惯性），而此时内部人的买入交易则没有显著的信号作用；（2）当市场体现为利好消息时，内部人的买入交易作为公司"稳定"的信号，会显著放大盈余惯性，而此时内部人的卖出交易则没有显著的信号作用。

表 14　　　　　　　　　　　**按未预期盈余正负分组的估计结果**

解释变量	(1)	(2)	(3)	(4)
	利空消息组		利好消息组	
	买入	卖出	买入	卖出
未预期盈余	0.1022	1.1445 *	1.4289 ***	2.0743 ***
	(0.2656)	(0.6199)	(0.2400)	(0.3141)
交易（买入/卖出）	− 1.7915 ***	2.0529 ***	− 1.6258 ***	1.2736 ***
	(0.4801)	(0.4532)	(0.3119)	(0.3970)
交易（买入/卖出）· 未预期盈余	− 0.9080	6.4537 **	3.1719 *	2.3995
	(1.7980)	(2.9247)	(1.8979)	(3.2361)
控制变量	控制	控制	控制	控制
样本量	26024	24894	25410	26310
调整的 R^2	0.0269	0.0287	0.0273	0.0251
F 检验（p 值）	0.0000	0.0000	0.0000	0.0000

2. 按照机构投资者持股比例高低分组。随后本文按照机构投资者持股比例高低，将样本分为两组，其中高持股比例定义为"机构投资者持股比例居中位数以上"。表 15 汇总了子样本中，内部人的买入和卖出交易对盈余惯性的影响，估计时采用固定效应模型，具体包含控制变量的估计结果见附表 3.4。

表 15　　　　　　　　　　　**按机构投资者持股比例分组的估计结果**

解释变量	(1)	(2)	(3)	(4)
	机构投资者持股比例低		机构投资者持股比例高	
	买入	卖出	买入	卖出
未预期盈余	1.6523 ***	1.6639 ***	0.9877 ***	0.9784 ***
	(0.2462)	(0.2451)	(0.2205)	(0.1831)
交易（买入/卖出）	− 1.5866 ***	1.4428 ***	− 0.4547	1.5335 ***
	(0.4604)	(0.3139)	(0.3154)	(0.2474)
交易（买入/卖出）· 未预期盈余	− 1.4507	0.0575	2.2248 *	3.1719 *
	(1.6897)	(1.5179)	(1.3056)	(1.6505)
控制变量	控制	控制	控制	控制
样本量	20759	20759	33170	33170
调整的 R^2	0.0245	0.0253	0.019	0.0202
F 检验（p 值）	0.0000	0.0000	0.0000	0.0000

通过表 15 结果可知，内部人交易对盈余惯性的解释，在不同机构投资者持股比例样本中存在明显差异。具体而言：（1）低机构投资者持股比例样本中，内部人的买入或卖出交易，均不会对盈余惯性产生调节效应；（2）高机构投资者持股比例样本中，内部人的买入和卖出交易的调节作用均表现为放大作用。我们可以理解为，在高机构投资者持股比例

的样本中，内部人交易释放的信号会被机构投资者捕捉，机构投资者持股也为内部人交易释放信号一个可能的渠道。

3. 按照是否提前发布业绩预告分组。本文按照是否提前发布业绩预告将全样本分为两组，分别估计了式（7），固定效应估计结果汇总于表 16，具体包含控制变量的估计结果见附表 3.5。结果显示，提前发布业绩预告也会改变内部人交易的调节效应。具体而言：（1）未提前发布业绩预告的公司，内部人交易的放大效应显著；（2）提前发布业绩预告的公司，内部人的买入或卖出交易，均不会显著影响盈余惯性。这说明提前发布业绩预告的公司，业绩预告已经作为信号充分反映了投资者的偏好，内部人交易在提前发布业绩预告的样本中无法发挥信号指示作用。

表 16   按是否提前发布业绩预告分组的估计结果

解释变量	（1）	（2）	（3）	（4）
	未提前发布业绩预告		提前发布业绩预告	
	买入	卖出	买入	卖出
未预期盈余	0.9055 ***	1.8545 ***	2.1873 ***	2.2330 ***
	(0.1303)	(0.2042)	(0.5353)	(0.5451)
交易（买入/卖出）	− 0.7574 ***	1.5779 ***	0.3412	1.6678 ***
	(0.2215)	(0.2603)	(0.5861)	(0.4476)
交易（买入/卖出）· 未预期盈余	1.2536 *	3.5515 *	− 5.3203	− 2.0455
	(0.7455)	(1.9559)	(4.6180)	(3.6170)
控制变量	控制	控制	控制	控制
样本量	41305	43638	9418	9418
调整的 R^2	0.0184	0.0204	0.0161	0.0187
F 检验（p 值）	0.0000	0.0000	0.0000	0.0000

本部分估计了内部人交易作为公司"稳定"或"不稳定"的信号对盈余惯性的影响，我们发现：第一，内部人交易能够显著放大盈余惯性。第二，内部人买入交易作为公司"稳定"的信号，放大盈余惯性。第三，内部人卖出交易作为公司"不稳定"的信号，对盈余惯性没有显著影响。内部人交易信号的作用范围、作用渠道、作用替代三个角度的分组检验结果显示：（1）内部人买入和卖出，将分别放大盈余惯性和亏损惯性；（2）内部人交易释放的信号作用依赖机构投资者持股比例的释放；（3）业绩预告的发布会分流和对冲内部人交易的信号作用。综合来看，以内部人交易作为公司是否"稳定"的信号研究表明，投资者更愿意为释放"稳定"信号的公司支付持续的超额回报，印证了"人心思稳"的解释。

六、结论

本文关注盈余惯性这一异象背后的异质性所包含的信息。在盈余惯性的存在性前提上，从时间、行业、公司规模异质性三个角度研究了盈余惯性的异质性，并以内部人交易作为公司是否"稳定"的信号，进一步验证"人心思稳"这一研究发现。

我们发现中国股票市场存在盈余惯性现象，这一现象在市场相对稳定的时期、制造性和资源性行业、规模较大的公司中更加明显，均反映了投资者会给予"稳定"（稳定的时间、稳定的行业、稳定的公司）更持续的超额回报，体现了"人心思稳"的特征。本文随后从内部人交易视角开展进一步印证，内部人买入可视为"公司更稳"的信号，体现为放大"盈余惯性"，反之，内部人卖出可视为"公司更不稳"的信号，体现为放大"亏损惯性"，验证了投资者对"稳定"的偏好。

本文对文献的主要贡献体现在发现并探索从"人心思稳"的投资者偏好的角度解释了盈余惯性的异质性。这个发现就是盈余惯性在时间、行业和公司层面的差异，表现出很强的为"可靠"付费的特征，即在动荡的市场中"人心思稳"——市场多变，而"人心思稳"，愿意为稳定付费。这一现象应引起市场监管者、企业经营者和投资者的重视。对于监管者，在维护市场持续稳定发展时，可针对特定时期、特定行业和特定企业制定精细化市场监管措施，以最大化监管效力，同时注重事前监管，关注内部人交易中的信息含量。对于上市公司，可结合行业特征和企业发展阶段，制订经营计划，管理股票市场表现，创造稳定的外部发展环境。对于投资者，则可根据自身风险态度和投资需求，建立和管理投资组合，结合内部人交易信息，以更准确地判断公司基本面和资产价格表现，实现更科学的投资决策。当然，如何更准确地界定"稳定"的数据特征还需更进一步细致的研究。

参考文献

［1］陈晓，陈小悦，刘钊．A股盈余报告的有用性研究——来自上海、深圳股市的实证证据［J］．经济研究，1999（6）：21－28.

［2］高强，伍利娜．兼任董秘能提高信息披露质量吗？——对拟修订《上市规则》关于董秘任职资格新要求的实证检验［J］．会计研究，2008（1）：47－54，96.

［3］姜付秀，石贝贝，马云飙．董秘财务经历与盈余信息含量［J］．管理世界，2016（9）：161－173.

［4］孔东民，柯瑞豪．谁驱动了中国股市的PEAD？［J］．金融研究，2007（10）：82－99.

［5］李文贵，余明桂．所有权性质、市场化进程与企业风险承担［J］．中国工业经济，2012（12）：115－127.

［6］林长泉，毛新述，刘凯璇．董秘性别与信息披露质量——来自沪深A股市场的经验证据［J］．金融研究，2016（9）：193－206.

［7］毛新述，王斌，林长泉，王楠．信息发布者与资本市场效率［J］．经济研究，2013，48（10）：69－81.

［8］权小锋，吴世农．投资者关注、盈余公告效应与管理层公告择机［J］．金融研究，2010（11）：90－107.

［9］谭伟强．我国股市盈余公告的"周历效应"与"集中公告效应"研究［J］．金融研究，2008（2）：152－167.

［10］王磊，叶志强，孔东民，张顺明．投资者关注与盈余公告周一效应［J］．金融研究，2012

（11）：193 – 206.

［11］张圣平，于丽峰，李怡宗，陈欣怡. 媒体报导与中国 A 股市场盈余惯性——投资者有限注意的视角［J］. 金融研究，2014（7）：154 – 170.

［12］周开国，应千伟，陈晓娴. 媒体关注度、分析师关注度与盈余预测准确度［J］. 金融研究，2014（2）：139 – 152.

［13］Ali A, Zarowin P. The Role of Earnings Levels in Annual Earnings – Returns Studies［J］. Journal of Accounting Research, 1992, 30（2）：286 – 296.

［14］Ball R. Anomalies in Relationships between Securities' Yields and Yield – Surrogates［J］. Journal of Financial Economics, 1978（6）：103 – 126.

［15］Ball R, Brown P. An Empirical Evaluation of Accounting Income Numbers［J］. Journal of Accounting Research, 1968（6）：159 – 178.

［16］Ball R J, Kothari S P, Watts R L. Economic Determinants of the Relation between Earnings Changes and Stock Returns［J］. The Accounting Review, 1990（68）：622 – 638.

［17］Bamber L S. The Information Content of Annual Earnings Releases：A Trading Volume Approach［J］. Journal of Accounting Research, 1986（24）：40 – 56.

［18］Barber B M, Odean T. All That Glitters：The Effectof Attention and News on the Buying Behavior of Individual and Institutional Investors［J］. Review of Financial Studies, 2008（21）：785 – 818.

［19］Bartov E, Radhakrishnan S, Krinsky I. Investor Sophistication and Patterns in Stock Returns After Earnings Announcements［J］. Accounting Review, 2000（75）：43 – 63.

［20］Beaver W H. Alternative Accounting Measures as Predictors of Failure［J］. Accounting Review, 1968（43）：113 – 122.

［21］Beaver W H, Wright C W F. The Association between Unsystematic Security Returns and the Magnitude of Earnings Forecast Errors［J］. Journal of Accounting Research, 1979（17）：316 – 340.

［22］Bernard V, Thomas J. Post – Earnings – Announcement Drift – Delayed Price Response or Risk Premium［J］. Journal of Accounting Research, 1989（27）：1 – 36.

［23］Brown L D, Schwager R S J. An Information Interpretation of Financial Analyst Superiority in Forecasting Earnings［J］. Journal of Accounting Research, 1987（25）：49 – 67.

［24］Cheng Q, Kin L O. Insider Trading and Voluntary Disclosures［J］. Journal of Accounting Research, 2006（44）：815 – 848.

［25］Chordia T, Shivakumar L. Earnings and Price Momentum［J］. Journal of Financial Economics, 2006（80）：627 – 656.

［26］Core J E, Guay W R, Richardson S A, Verdi R S. Stock Market Anomalies：What Can We Learn from Repurchases and InsiderTrading?［J］. Review of Accounting Studies, 2006（11）：49 – 70.

［27］Dargenidou C, Tonks I, Tsoligkas F. Insider Trading and the Post – Earnings Announcement Drift［J］. Journal of Business Finance & Accounting, 2018（45）：482 – 508.

［28］Dellavigna S, Pollet J M. Investor Inattention and Friday Earnings Announcements［J］. The Journal of Finance, 2009（64）：709 – 749.

［29］Dou P, Truong C, Veeraraghavan M. Individualism, Uncertainty Avoidance, and Earnings Momentum in International Markets［J］. Contemporary Accounting Research, 2016（33）：851 – 881.

［30］Fama E F. Market Efficiency, Long – Term Returns, and Behavioral Finance［J］. Journal of Financial Economics, 1998 (49), 283 – 306.

[31] Fama E F, French K R. Common Risk Factors in the Returns on Stocks and Bonds [J]. Journal of Financial Economics, 1993 (33): 3 – 56.

[32] Hagerty F K M. Insider Trading and the Efficiency of Stock Prices [J]. The RAND Journal of Economics, 1992 (23): 106 – 122.

[33] Foster G. Quarterly Accounting Data: Time – Series Properties and Predictive – Ability Results [J]. The Accounting Review, 1997 (52): 1 – 21.

[34] Wild H J J. Unexpected Earnings and Intraindustry Information Transfers: Further Evidence [J]. Journal of Accounting Research, 1990 (28): 211 – 219.

[35] Hirshleifer D, Lim S S, Teoh S H. Driven to Distraction: Extraneous Events and under Reaction to Earnings News [J]. The Journal of Finance, 2009 (64): 2289 – 2325.

[36] Hutton A P, Marcus A J, Tehranian H. Opaque Financial Reports, R^2, and Crash Risk [J]. Journal of Financial Economics, 2009 (94): 67 – 86.

[37] Lin C, Ko K C, Chen Y L, Chu H H. Information Discreteness, Price Limits and Earnings Momentum [J]. Pacific – Basin Finance Journal, 2016 (37): 1 – 22.

[38] Mendenhall R R. Arbitrage Risk and Post – Earnings – Announcement Drift [J]. The Journal of Business, 2004 (77): 875 – 894.

[39] Patell J M, Wolfson M A. The Intraday Speed of Adjustment of Stock Prices to Earnings and Dividend Announcements [J]. Journal of Financial Economics, 1984 (13): 223 – 252.

[40] Penman S H. A Comparison of the Information Content of Insider Trading and Management Earnings Forecasts [J]. Journal of Financial and Quantitative Analysis, 1985 (20): 1 – 17.

[41] Rogers J L, Stocken P C. Credibility of Management Forecasts [J]. The Accounting Review, 2005 (80): 1233 – 1260.

[42] Tajaddini R, Crack T F, Roberts H. Price and Earnings Momentum, Transaction Costs, and an Innovative Practitioner Technique [J]. International Review of Finance, 2015 (15): 555 – 597.

附录 1　基准估计结果的稳健性检验

附表 1.1　　基于时间窗口的稳健性检验结果（窗口期为 15/30/45 天）

解释变量	(1)	(2)	(3)	(4)	(5)	(6)
	窗口期为 15 天		窗口期为 30 天		窗口期为 45 天	
	固定效应	工具变量	固定效应	工具变量	固定效应	工具变量
未预期盈余	0.5033***	2.5034**	0.6669***	11.8381***	0.4080**	9.0920***
	(0.0749)	(1.2301)	(0.1559)	(4.4255)	(0.1863)	(2.9123)
公司规模	-0.2228***	-0.2118***	-1.5094***	-1.6385***	-2.8116***	-3.0380***
	(0.0456)	(0.0517)	(0.1021)	(0.1297)	(0.1386)	(0.1703)
账面市值比	1.2817***	1.5904***	3.2350***	4.5136***	1.8599***	2.8276***
	(0.1213)	(0.1601)	(0.2660)	(0.5007)	(0.3280)	(0.4589)

续表

解释变量	(1)	(2)	(3)	(4)	(5)	(6)
	窗口期为 15 天		窗口期为 30 天		窗口期为 45 天	
	固定效应	工具变量	固定效应	工具变量	固定效应	工具变量
资产负债率	0.0020	0.0013	0.0042	0.0049	− 0.0084	− 0.0117 *
	(0.0020)	(0.0022)	(0.0041)	(0.005)	(0.0053)	(0.0063)
信息质量	0.0634 *	0.0653 *	0.3026 ***	0.1824 *	0.4518 ***	0.3497 ***
	(0.0324)	(0.0353)	(0.0660)	(0.0937)	(0.0804)	(0.0937)
非流动性	0.0010	− 0.0007	− 0.0013	− 0.0050	0.0057	0.0017
	(0.0048)	(0.0049)	(0.0094)	(0.0105)	(0.0120)	(0.0126)
机构投资者持股比例	0.0017	− 0.0007	0.0063 **	− 0.0037	0.0027	− 0.0035
	(0.0015)	(0.0019)	(0.0030)	(0.0049)	(0.0041)	(0.0052)
同日公告数	0.0002 ***	0.0001 *	0.0001	− 0.0001	− 0.0008 ***	− 0.0010 ***
	(0.0001)	(0.0001)	(0.0001)	(0.0002)	(0.0002)	(0.0002)
业绩预告	− 0.0665	− 0.0817	0.0278	− 0.1377	0.0199	− 0.1835
	(0.0471)	(0.0508)	(0.0939)	(0.1204)	(0.1201)	(0.1399)
周末效应	− 0.1323 ***	− 0.1322 ***	− 0.1072	− 0.0959	− 0.2463 ***	− 0.2201 **
	(0.0331)	(0.0345)	(0.0662)	(0.0744)	(0.0840)	(0.0901)
常数项	4.3658 ***	4.1372 ***	32.5131 ***	35.5846 ***	63.4103 ***	68.9103 ***
	(1.0626)	(1.2084)	(2.4087)	(3.0671)	(3.2720)	(4.0313)
季度效应	控制	控制	控制	控制	控制	控制
行业效应	控制	控制	控制	控制	控制	控制
样本量	40818	38905	40397	38279	40145	37979
调整的 R^2	0.0099	0.0022	0.0276	0.0039	0.0366	0.0045
F 检验（p 值）	0.0000	0.0000	0.0000	0.0000	0.0000	0.0000

资料来源：作者利用 Stata 14.0 软件运算并整理。

注：（1）表中 *、**、*** 分别表示估计系数在 10%、5% 和 1% 的显著性水平上显著，括号中数值为稳健标准误；（2）表中第（1）和第（2）栏、第（3）和第（4）栏、第（5）和第（6）栏分别为以 15 天、30 天和 45 天作为窗口期的估计结果，第（1）、第（3）、第（5）栏，第（2）、第（4）、第（6）栏分别为固定效应和工具变量估计结果；（3）面板工具变量一阶段估计结果显示，F 统计量取值大于 10，一阶段回归 R^2 超过 0.5，表明滞后一期的未预期盈余作为当期未预期盈余的工具变量满足相关性条件。篇幅所限，工具变量一阶段估计结果备索。

附表 1.2　　　　　　　　未预期盈余度量指标的稳健性检验结果

解释变量	(1)	(2)	(3)	(4)
	窗口期为 7 天	窗口期为 15 天	窗口期为 30 天	窗口期为 45 天
未预期盈余	0.1646 ***	0.1390 ***	0.2046 ***	0.2038 ***
	(0.0145)	(0.0148)	(0.0305)	(0.0378)

续表

解释变量	（1）	（2）	（3）	（4）
	窗口期为 7 天	窗口期为 15 天	窗口期为 30 天	窗口期为 45 天
公司规模	−0.1155*	−0.3123***	−1.7325***	−2.8022***
	(0.0638)	(0.0649)	(0.1490)	(0.1897)
账面市值比	1.2331***	1.1773***	2.9454***	1.7580***
	(0.1561)	(0.1522)	(0.3252)	(0.3868)
资产负债率	0.0034	0.0011	0.0021	−0.0056
	(0.0023)	(0.0025)	(0.0052)	(0.0066)
信息质量	0.0595*	0.0767**	0.2881***	0.4565***
	(0.0341)	(0.0348)	(0.0705)	(0.0849)
非流动性	0.0047	0.0024	0.0020	0.0148
	(0.0047)	(0.0051)	(0.0100)	(0.0127)
机构投资者持股比例	0.0021	0.0005	0.0041	0.0032
	(0.0019)	(0.0019)	(0.0037)	(0.0049)
同日公告数	0.0002***	0.0001*	−0.0002	−0.0010***
	(0.0001)	(0.0001)	(0.0002)	(0.0002)
业绩预告	0.0099	−0.0769	0.0485	−0.1254
	(0.0502)	(0.0521)	(0.1034)	(0.1317)
周末效应	−0.1458***	−0.1935***	−0.1325*	−0.2942***
	(0.0356)	(0.0362)	(0.0719)	(0.0904)
常数项	1.7952	6.6365***	38.2900***	63.5893***
	(1.5025)	(1.5257)	(3.5287)	(4.5118)
季度效应	控制	控制	控制	控制
行业效应	控制	控制	控制	控制
样本量	35215	35082	34895	35619
调整的 R^2	0.0114	0.0115	0.0270	0.0278
F 检验（p 值）	0.0000	0.0000	0.0000	0.0000

资料来源：作者利用 Stata 14.0 软件运算并整理。

注：表中 *、**、*** 分别表示在 10%、5% 和 1% 的显著性水平上显著，括号中数值为稳健标准误。

附录 2　异质性检验结果汇总

附表 2.1　　　　　　　　时间异质性检验：异常波动

解释变量	（1）	（2）	（3）	（4）
	异常波动前		异常波动后	
	固定效应	工具变量	固定效应	工具变量
未预期盈余	0.7913***	2.3417**	0.9719***	5.4436***
	(0.2967)	(0.9940)	(0.1076)	(1.9520)
公司规模	−0.7048***	−0.2390	−0.5495***	−0.5646***
	(0.2023)	(0.3331)	(0.0911)	(0.0994)
账面市值比	0.9968*	4.4308***	1.2658***	1.6199***
	(0.5558)	(0.7736)	(0.1970)	(0.2624)
资产负债率	0.0074	−0.0088	−0.0042	−0.0042
	(0.0104)	(0.0163)	(0.0033)	(0.0035)
信息质量	−0.3541***	−0.5132***	0.1160***	0.0723
	(0.0949)	(0.1516)	(0.0440)	(0.0499)
非流动性	0.0550***	0.0792***	−0.0076	−0.0063
	(0.0165)	(0.0254)	(0.0060)	(0.0062)
机构投资者持股比例	0.0056	0.0033	0.0017	−0.0014
	(0.0059)	(0.0095)	(0.0024)	(0.0028)
同日公告数	0.0014***	0.0023***	0.0001	0.0001
	(0.0004)	(0.0006)	(0.0001)	(0.0001)
业绩预告	0.1850	0.3143	0.0308	−0.0042
	(0.1387)	(0.2135)	(0.0658)	(0.0702)
周末效应	−0.3799***	0.1995	−0.2300***	−0.2301***
	(0.0997)	(0.1632)	(0.0441)	(0.0459)
常数项	15.0456***	−0.7719	12.1834***	12.5050***
	(4.7893)	(1.0172)	(2.1588)	(2.3603)
季度效应	控制	控制	控制	控制
行业效应	控制	控制	控制	控制
样本量	10480	9423	37161	37143
调整的 R^2	0.0259	0.0263	0.0127	0.0040
F 检验（p 值）	0.0000	0.0000	0.0000	0.0000

资料来源：作者利用 Stata 14.0 软件运算并整理。

注：（1）表中 *、**、*** 分别表示估计系数在 10%、5% 和 1% 的显著性水平上显著，括号中数值为稳健标准误；（2）表中第（2）和第（4）栏采用滞后一期的未预期盈余作为当期未预期盈余的工具变量处理可能存在的内生性问题，面板工具变量一阶段估计结果显示，F 统计量取值大于 10，一阶段回归 R^2 超过 0.5，表明滞后一期的未预期盈余作为当期未预期盈余的工具变量满足相关性条件。篇幅所限，工具变量一阶段估计结果备索。

附表 2.2　　　　　　　　　　　　时间异质性检验：年度异质性

解释变量	（1）	（2）	（3）	（4）	（5）
	2014 年	2015 年	2016 年	2017 年	2018 年
未预期盈余	1. 4866 **	0. 2110	0. 8574 ***	0. 8666 ***	1. 0466 ***
	(0. 6080)	(0. 2966)	(0. 2028)	(0. 2170)	(0. 2047)
公司规模	− 2. 6479 ***	− 2. 3082 ***	− 1. 4975 ***	− 0. 6795 *	− 2. 8581 ***
	(0. 5037)	(0. 3899)	(0. 3090)	(0. 3558)	(0. 3475)
账面市值比	− 4. 1419 ***	1. 8740 *	2. 1136 ***	2. 4964 **	2. 2642 ***
	(1. 0321)	(1. 1248)	(0. 8195)	(1. 1283)	(0. 6331)
资产负债率	0. 0095	0. 0047	0. 0049	− 0. 0213 **	− 0. 0088
	(0. 0178)	(0. 0136)	(0. 0094)	(0. 0107)	(0. 0120)
信息质量	− 0. 3842 ***	− 0. 2289 *	0. 0604	− 0. 0233	0. 0141
	(0. 1339)	(0. 1262)	(0. 0863)	(0. 0845)	(0. 0792)
非流动性	0. 0103	− 0. 0374 **	− 0. 0326 ***	0. 0366 ***	0. 0080
	(0. 0242)	(0. 0177)	(0. 0118)	(0. 0125)	(0. 0142)
机构投资者持股比例	0. 0218 **	0. 0170 **	0. 0068	0. 0279 ***	0. 0067
	(0. 0091)	(0. 0078)	(0. 0073)	(0. 0078)	(0. 0060)
同日公告数	0. 0002	0. 0007	0. 0005 **	0. 0019 ***	− 0. 0004 ***
	(0. 0005)	(0. 0005)	(0. 0002)	(0. 0002)	(0. 0001)
业绩预告	0. 1126	0. 2550	− 0. 1980	0. 1714	− 0. 2685 **
	(0. 1902)	(0. 1901)	(0. 1227)	(0. 1195)	(0. 1175)
周末效应	− 0. 3247 ***	− 0. 6035 ***	− 0. 2343 ***	− 0. 4285 ***	− 0. 0569
	(0. 1233)	(0. 1401)	(0. 0903)	(0. 0876)	(0. 0876)
常数项	59. 4224 ***	50. 0452 ***	32. 5564 ***	15. 0070 *	64. 5799 ***
	(11. 5058)	(9. 2537)	(7. 2362)	(8. 4320)	(8. 1222)
季度效应	控制	控制	控制	控制	控制
行业效应	控制	控制	控制	控制	控制
样本量	6541	7677	10088	10088	12171
调整的 R^2	0. 0306	0. 0250	0. 0140	0. 0140	0. 0509
F 检验（p 值）	0. 0000	0. 0000	0. 0000	0. 0000	0. 0000

资料来源：作者利用 Stata 14. 0 软件运算并整理。

注：（1）表中 * 、 ** 、 *** 分别表示估计系数在10%、5% 和1%的显著性水平上显著，括号中数值为稳健标准误；（2）估计时采用固定效应模型；（3）2013 年未预期盈余样本缺失较多，不足以单独估计面板数据，因此本文的估计结果仅包含 2014—2018 年。

附表 2.3　　　　　　　　　　公司规模异质性检验

解释变量	（1）	（2）	（3）	（4）	（5）	（6）
	较小规模公司样本		较大规模公司样本		规模交互项	
	固定效应	工具变量	固定效应	工具变量	固定效应	工具变量
未预期盈余	0.8568 ***	4.6506 ***	0.9361 ***	5.2789 **	4.2161 **	6.5687 **
	（0.1573）	（1.3161）	（0.1264）	（2.3675）	（1.8991）	（2.9266）
未预期盈余· 公司规模					0.1409 *	2.6518 **
					（0.0825）	（1.2668）
公司规模	− 0.2939 ***	− 0.4789 ***	− 0.3766 ***	− 0.4211 ***	− 0.2306 ***	− 0.2947 ***
	（0.1106）	（0.1332）	（0.1095）	（0.0858）	（0.0515）	（0.0673）
账面市值比	0.7257 ***	1.1186 ***	1.4587 ***	1.9679 ***	1.4490 ***	2.0124 ***
	（0.2420）	（0.3173）	（0.2386）	（0.2704）	（0.1496）	（0.2016）
资产负债率	− 0.0036	− 0.0050	0.0028	0.0022	0.0018	0.0020
	（0.0038）	（0.0042）	（0.0042）	（0.0033）	（0.0022）	（0.0029）
信息质量	0.0425	0.0785	− 0.0125	− 0.0221	0.0198	0.0006
	（0.0588）	（0.0634）	（0.0540）	（0.0542）	（0.0399）	（0.0459）
非流动性	0.0023	− 0.0028	− 0.0048	0.0000	− 0.0013	− 0.0034
	（0.0083）	（0.0088）	（0.0077）	（0.0064）	（0.0057）	（0.0059）
机构投资者持股比例	0.0011	− 0.0044	0.0074 ***	0.0022	0.0049 ***	0.0007
	（0.0029）	（0.0033）	（0.0026）	（0.0027）	（0.0017）	（0.0025）
同日公告数	0.0005 ***	0.0002	0.0005 ***	0.0004 ***	0.0005 ***	0.0003 ***
	（0.0001）	（0.0001）	（0.0001）	（0.0001）	（0.0001）	（0.0001）
业绩预告	− 0.1418 *	− 0.1271	0.1410 *	0.0720	0.0368	0.0270
	（0.0839）	（0.0905）	（0.0825）	（0.0753）	（0.0582）	（0.0666）
周末效应	− 0.3740 ***	− 0.2846 ***	− 0.1876 ***	− 0.1844 ***	− 0.2670 ***	− 0.2192 ***
	（0.0615）	（0.0652）	（0.0537）	（0.0458）	（0.0379）	（0.0424）
常数项	6.1456 **	10.5078 ***	7.3843 ***	8.5769 ***	4.1307 ***	5.6955 ***
	（2.4988）	（3.0390）	（2.6339）	（2.0330）	（1.2029）	（1.5914）
季度效应	控制	控制	控制	控制	控制	控制
行业效应	控制	控制	控制	控制	控制	控制
样本量	21870	20384	25771	25106	47641	45490
调整的 R^2	0.0091	0.0012	0.0107	0.0033	0.0101	0.0036
F 检验（p 值）	0.0000	0.0000	0.0000	0.0000	0.0000	0.0000

资料来源：作者利用 Stata 14.0 软件运算并整理。

注：（1）表中 * 、** 、*** 分别表示估计系数在 10%、5% 和 1% 的显著性水平上显著，括号中数值为稳健标准误；（2）表中第（2）和第（4）栏采用滞后一期的未预期盈余作为当期未预期盈余的工具变量处理可能存在的内生性问题，面板工具变量一阶段估计结果显示，F 统计量取值大于 10，一阶段回归 R^2 超过 0.5，表明滞后一期的未预期盈余作为当期未预期盈余的工具变量满足相关性条件。篇幅所限，工具变量一阶段估计结果备索。

附表 2.4   股票波动率与盈余惯性估计结果

解释变量	(1)	(2)
	固定效应	工具变量
未预期盈余	0.9670 ***	3.3906 **
	(0.1013)	(1.5233)
未预期盈余·股票波动率	− 0.0036 ***	− 0.0038 ***
	(0.0013)	(0.0014)
股票波动率	0.0056 ***	0.0063 ***
	(0.0009)	(0.0010)
公司规模	− 0.3045 ***	− 0.3172 ***
	(0.0621)	(0.0637)
账面市值比	1.7904 ***	1.9871 ***
	(0.1621)	(0.2037)
资产负债率	− 0.0001	0.0002
	(0.0026)	(0.0027)
信息质量	0.0338	0.0051
	(0.0408)	(0.0451)
非流动性	− 0.0033	− 0.0031
	(0.0057)	(0.0057)
机构投资者持股比例	0.0036 *	0.0018
	(0.0020)	(0.0023)
同日公告数	0.0003 ***	0.0003 ***
	(0.0001)	(0.0001)
业绩预告	0.0625	0.0450
	(0.0624)	(0.0641)
周末效应	− 0.2059 ***	− 0.2043 ***
	(0.0415)	(0.0420)
常数项	5.8260 ***	6.0812 ***
	(1.4637)	(1.4972)
样本量	43615	43615
调整的 R^2	0.0123	0.0040
F 检验（p 值）	0.0000	0.0000

附录3 内部人交易信号效应估计结果

附表3.1 是否存在内部人交易的估计结果

解释变量	(1)	(2)	(3)	(4)
	混合面板		固定效应	
未预期盈余	0.6442 ***	1.0014 ***	0.6223 ***	1.1056 ***
	(0.0710)	(0.1144)	(0.0719)	(0.1181)
内部人交易	0.2356 **	0.2859 **	0.1951	0.2272 *
	(0.1173)	(0.1199)	(0.1256)	(0.127)
内部人交易· 未预期盈余	1.1199 **	0.9878 *	1.2659 **	1.1030 *
	(0.5251)	(0.5288)	(0.5413)	(0.5653)
公司规模		− 0.2415 ***		− 0.8026 ***
		(0.0273)		(0.0653)
账面市值比		1.0758 ***		2.6720 ***
		(0.0948)		(0.1764)
资产负债率		− 0.0062 ***		− 0.0005
		(0.0011)		(0.0029)
信息质量		0.0914 **		0.0399
		(0.0428)		(0.0469)
非流动性		− 0.0119 *		− 0.0205 ***
		(0.0066)		(0.0071)
机构投资者持股比例		− 0.0014		0.0027
		(0.0011)		(0.0022)
同日公告数		0.0005 ***		0.0004 ***
		(0.0001)		(0.0001)
业绩预告		0.0687		0.0702
		(0.0614)		(0.0698)
周末效应		− 0.3576 ***		− 0.3111 ***
		(0.0458)		(0.0483)
常数项	− 0.2363 ***	4.7882 ***	− 0.2342 ***	16.5467 ***
	(0.0181)	(0.6028)	(0.0049)	(1.5349)
季度效应		控制		控制
行业效应		控制		控制
样本量	65208	51638	65208	51638
调整的 R^2			0.0029	0.0202
F 检验（p 值）	0.0000	0.0000	0.0000	0.0000

资料来源：作者利用 Stata 14.0 软件运算并整理。

注：表中 * 、 ** 、 *** 分别表示估计系数在 10%、5% 和 1% 的显著性水平上显著，括号中数值为稳健标准误。

附表 3. 2　　　　　　　　　　　　内部人交易方向的估计结果

解释变量	（1）	（2）	（3）	（4）
	混合面板		固定效应	
	买入	卖出	买入	卖出
未预期盈余	0.9142 ***	1.9310 ***	0.9874 ***	2.1674 ***
	（0.1155）	（0.1733）	（0.121）	（0.2129）
交易（买入/卖出）	− 0.4341 **	1.5131 ***	− 0.4763 **	1.5167 ***
	（0.1960）	（0.1592）	（0.2058）	（0.2385）
交易（买入/卖出）· 未预期盈余	1.2863 **	2.3186	1.2670 *	1.3224
	（0.6426）	（1.5542）	（0.7336）	（1.2778）
公司规模	− 0.2162 ***	− 0.3707 ***	− 0.7277 ***	− 1.5441 ***
	（0.0272）	（0.0351）	（0.0654）	（0.1049）
账面市值比	0.7999 ***	0.5147 ***	2.3484 ***	1.5246 ***
	（0.0939）	（0.1318）	（0.1750）	（0.2688）
资产负债率	− 0.0052 ***	− 0.0048 ***	0.0010	− 0.0131 ***
	（0.0011）	（0.0015）	（0.0028）	（0.0041）
信息质量	0.0808 *	0.0556	0.0553	0.0410
	（0.0432）	（0.0588）	（0.0474）	（0.0639）
非流动性	− 0.0089	0.0491 ***	− 0.0166 **	0.0400 ***
	（0.0065）	（0.0087）	（0.0070）	（0.0121）
机构投资者持股比例	− 0.0017	− 0.0041 ***	0.0014	− 0.0016
	（0.0011）	（0.0014）	（0.0023）	（0.0031）
同日公告数	0.0003 ***	0.0001	0.0003 ***	0.0000
	（0.0001）	（0.0001）	（0.0001）	（0.0001）
业绩预告	0.0925	0.0351	0.0673	− 0.0124
	（0.0615）	（0.0803）	（0.0700）	（0.0956）
周末效应	− 0.2825 ***	− 0.4322 ***	− 0.2508 ***	− 0.3905 ***
	（0.0451）	（0.0579）	（0.0479）	（0.0657）
常数项	4.6837 ***	10.1658 ***	15.3017 ***	36.6887 ***
	（0.6005）	（0.7693）	（1.5411）	（2.4943）
季度效应	控制	控制	控制	控制
行业效应	控制	控制	控制	控制
样本量	50016	52510	50016	52510
调整的 R^2			0.0163	0.0200
F 检验（p 值）	0.0000	0.0000	0.0000	0.0000

资料来源：作者利用 Stata 14.0 软件运算并整理。

注：表中 * 、** 、*** 分别表示估计系数在10% 、5% 和1% 的显著性水平上显著，括号中数值为稳健标准误。

附表 3.3 　　　　　　按未预期盈余正负分组的估计结果

解释变量	（1）	（2）	（3）	（4）
	利空消息组		利好消息组	
	买入	卖出	买入	卖出
未预期盈余	0.1022	1.1445 *	1.4289 ***	2.0743 ***
	（0.2656）	（0.6199）	（0.2400）	（0.3141）
交易（买入/卖出）	− 1.7915 ***	2.0529 ***	− 1.6258 ***	1.2736 ***
	（0.4801）	（0.4532）	（0.3119）	（0.3970）
交易（买入/卖出）· 未预期盈余	− 0.9080	6.4537 **	3.1719 *	2.3995
	（1.7980）	（2.9247）	（1.8979）	（3.2361）
公司规模	− 2.2743 ***	− 2.2600 ***	− 0.9554 ***	− 1.7452 ***
	（0.1769）	（0.1807）	（0.1005）	（0.1550）
账面市值比	1.6578 ***	1.8153 ***	3.9267 ***	2.9975 ***
	（0.4354）	（0.4370）	（0.3042）	（0.3893）
资产负债率	− 0.0200 ***	− 0.0201 ***	0.0096 **	− 0.0045
	（0.0069）	（0.0069）	（0.0044）	（0.0059）
信息质量	0.0644	0.0515	0.0129	− 0.0359
	（0.1018）	（0.1045）	（0.0786）	（0.0982）
非流动性	− 0.0035	0.0015	− 0.0446 ***	0.0163
	（0.0204）	（0.0211）	（0.0115）	（0.0194）
机构投资者持股比例	− 0.0025	− 0.0027	0.0030	− 0.0027
	（0.0048）	（0.0049）	（0.0035）	（0.0049）
同日公告数	− 0.0007 ***	− 0.0008 ***	0.0006 ***	0.0003
	（0.0002）	（0.0002）	（0.0002）	（0.0002）
业绩预告	− 0.0115	− 0.0638	0.1801	0.1219
	（0.1529）	（0.1557）	（0.1125）	（0.1454）
周末效应	− 0.4441 ***	− 0.4602 ***	− 0.2387 ***	− 0.2908 ***
	（0.1019）	（0.1030）	（0.0757）	（0.0959）
常数项	52.5011 ***	52.2690 ***	18.7708 ***	40.0429 ***
	（4.1740）	（4.2612）	（2.3410）	（3.6425）
季度效应	控制	控制	控制	控制
行业效应	控制	控制	控制	控制
样本量	26024	24894	25410	26310
调整的 R^2	0.0269	0.0287	0.0273	0.0251
F 检验（p 值）	0.0000	0.0000	0.0000	0.0000

资料来源：作者利用 Stata 14.0 软件运算并整理。

注：（1）表中 * 、 ** 、 *** 分别表示估计系数在 10% 、 5% 和 1% 的显著性水平上显著，括号中数值为稳健标准误；（2）估计时采用固定效应模型。

附表 3. 4   **按机构投资者持股比例分组的估计结果**

解释变量	(1)	(2)	(3)	(4)
	机构投资者持股比例低		机构投资者持股比例高	
	买入	卖出	买入	卖出
未预期盈余	1.6523 ***	1.6639 ***	0.9877 ***	0.9784 ***
	(0.2462)	(0.2451)	(0.2205)	(0.1831)
交易（买入/卖出）	− 1.5866 ***	1.4428 ***	− 0.4547	1.5335 ***
	(0.4604)	(0.3139)	(0.3154)	(0.2474)
交易（买入/卖出）· 未预期盈余	− 1.4507	0.0575	2.2248 *	3.1719 *
	(1.6897)	(1.5179)	(1.3056)	(1.6505)
公司规模	− 2.105 ***	− 2.1063 ***	− 1.5451 ***	− 1.5412 ***
	(0.2022)	(0.2025)	(0.1352)	(0.1080)
账面市值比	1.5340 ***	1.5763 ***	1.9584 ***	2.0095 ***
	(0.586)	(0.5862)	(0.3252)	(0.2851)
资产负债率	− 0.0230 ***	− 0.0233 ***	− 0.0051	− 0.0046
	(0.0072)	(0.0072)	(0.0057)	(0.0047)
信息质量	− 0.1100	− 0.1082	0.0576	0.0633
	(0.1137)	(0.1136)	(0.0794)	(0.0789)
非流动性	− 0.0060	− 0.0049	0.0438 ***	0.0445 ***
	(0.0222)	(0.0222)	(0.0155)	(0.0113)
机构投资者持股比例	− 0.0061	− 0.0069	0.0054	0.0046
	(0.0101)	(0.0101)	(0.0056)	(0.0052)
同日公告数	− 0.0002	− 0.0002	0.0002	0.0002
	(0.0002)	(0.0002)	(0.0002)	(0.0002)
业绩预告	− 0.2314	− 0.2420	0.2101 *	0.2018 *
	(0.1645)	(0.1645)	(0.1214)	(0.1207)
周末效应	− 0.3815 ***	− 0.3709 ***	− 0.4222 ***	− 0.4178 ***
	(0.1180)	(0.1180)	(0.0825)	(0.0749)
常数项	48.9054 ***	48.8554 ***	35.8619 ***	35.7265 ***
	(4.7283)	(4.7348)	(3.2206)	(2.5539)
季度效应	控制	控制	控制	控制
行业效应	控制	控制	控制	控制
样本量	20759	20759	33170	33170
调整的 R^2	0.0245	0.0253	0.019	0.0202
F 检验（p 值）	0.0000	0.0000	0.0000	0.0000

资料来源：作者利用 Stata 14.0 软件运算并整理。

注：（1）表中 * 、 ** 、 *** 分别表示估计系数在 10% 、5% 和 1% 的显著性水平上显著，括号中数值为稳健标准误；（2）估计时采用固定效应模型。

附表 3.5　　　　　　　　　**按是否提前发布业绩预告分组的估计结果**

解释变量	(1)	(2)	(3)	(4)
	未提前发布业绩预告		提前发布业绩预告	
	买入	卖出	买入	卖出
未预期盈余	0.9055 ***	1.8545 ***	2.1873 ***	2.2330 ***
	(0.1303)	(0.2042)	(0.5353)	(0.5451)
交易（买入/卖出）	− 0.7574 ***	1.5779 ***	0.3412	1.6678 ***
	(0.2215)	(0.2603)	(0.5861)	(0.4476)
交易（买入/卖出）· 未预期盈余	1.2536 *	3.5515 *	− 5.3203	− 2.0455
	(0.7455)	(1.9559)	(4.6180)	(3.6170)
公司规模	− 0.7220 ***	− 1.5498 ***	− 1.3779 ***	− 1.3648 ***
	(0.0741)	(0.1183)	(0.2199)	(0.2198)
账面市值比	2.6265 ***	1.5325 ***	0.6926	0.7466
	(0.1949)	(0.2826)	(0.7559)	(0.7527)
资产负债率	0.0003	− 0.0129 ***	− 0.0256 ***	− 0.0250 **
	(0.0032)	(0.0045)	(0.0100)	(0.0100)
信息质量	0.0026	0.0127	0.0757	0.0761
	(0.0544)	(0.0721)	(0.1817)	(0.1822)
非流动性	− 0.0122	0.0376 ***	0.0277	0.0293
	(0.0080)	(0.0130)	(0.0331)	(0.0331)
机构投资者持股比例	− 0.0004	− 0.0051	− 0.0012	− 0.0020
	(0.0025)	(0.0034)	(0.0082)	(0.0081)
同日公告数	0.0004 ***	0.0002	− 0.0004	− 0.0004
	(0.0001)	(0.0002)	(0.0004)	(0.0004)
周末效应	− 0.2602 ***	− 0.4132 ***	− 0.5041 ***	− 0.5073 ***
	(0.0524)	(0.0711)	(0.1800)	(0.1802)
常数项	15.2693 ***	36.9206 ***	33.2796 ***	32.8806 ***
	(1.7469)	(2.8001)	(5.1882)	(5.1889)
季度效应	控制	控制	控制	控制
行业效应	控制	控制	控制	控制
样本量	41305	43638	9418	9418
调整的 R^2	0.0184	0.0204	0.0161	0.0187
F 检验（p 值）	0.0000	0.0000	0.0000	0.0000

资料来源：作者利用 Stata 14.0 软件运算并整理。

注：（1）表中 * 、 ** 、 *** 分别表示估计系数在10%、5%和1%的显著性水平上显著，括号中数值为稳健标准误；（2）估计时采用固定效应模型。

Stability Preference:
An Explanation of Earnings Momentum Heterogeneity

Chao Zhu[1]   ZhenYi[1]   Yuxiao Liu[2]

(1. *School of Finance*, *Capital University of Economics and Business*, *Beijing*;
2. *China Export & Credit Insurance Corporation Beijing*)

Abstract: Earnings momentum is expressed as the continuous drift of stock prices due to the announcement of earnings announcements. This paper explores the heterogeneity of earnings momentum from the three dimensions: time, industry and company. The results show that earnings momentum exists in Chinese stock market, which is more obvious in the relatively stable period of market, manufacturability, resource industries, and larger companies. It indicates that investors will give "stable" (stable time, stable industry, stable company) more sustained excess premium. We then test the explanation from the insider trading. Insider buying can be seen as a signal that "the firm is more stable", which is reflected as an enlarged earnings momentum. On the contrary, the insider selling can be seen as a signal that "the firm is more unstable", which is reflected as an enlarged loss momentum. This paper reveals a investors' belief of "Stability Preference".

Keywords: Earnings Momentum; Unexpected Earnings; Heterogeneity; Insider Trading

新货币主义经济学研究进展

◎韩　晗①

内容摘要：本文介绍了新货币主义经济学的最新研究进展。近30年来，新货币主义经济学得到了长足发展。与传统货币主义以及新旧凯恩斯主义经济学相比，新货币主义经济学更强调宏观经济的微观基础，并重点研究货币和银行等制度安排如何克服搜寻、信息和不完全承诺等摩擦。本文将介绍三代新货币主义经典模型及其相应的延伸与应用。希望抛砖引玉，为研究者提供新的研究视角和分析工具。

关键词：新货币主义；货币；信用；银行；金融市场

一、引言

新货币主义经济学在近30年得到了长足的发展。就像传统货币主义和旧凯恩斯主义互为对照一样，新货币主义这个名字对应于新凯恩斯主义。新旧货币主义的目的都是提供凯恩斯主义以外的研究角度。理性预期革命后发展的新货币主义或新凯恩斯主义与旧理论的关键区别是对微观基础的强调。但在强调微观基础的过程中，新凯恩斯主义和新货币主义重视不同的基本摩擦。相对于新凯恩斯主义以名义价格黏性为基本摩擦，新货币主义主要关注交易中的不完全承诺、信息问题以及搜寻中遇到的协调失灵等摩擦，并以此为基础进行宏观理论、实证和政策分析。Williamson 和 Wright（2010a）指出新货币主义和新凯恩斯主义还有以下关键区别：（1）新货币主义认为货币本身是重要的，货币在货币现象和政策的研究建模中不能被忽略。（2）新货币主义认为银行等金融中介是重要的。虽然银行存款和货币一样充当交易媒介，但不能简单把二者混为一谈。必须仔细研究银行等金融中介的机制和作用。

具体来说，相对于新凯恩斯主义文献，新货币主义更关注以下问题：货币的三种职能中，最重要的是价值尺度、交易媒介还是储藏手段？如果货币的最重要职能是交易媒介的话，如何用模型研究货币作为交易媒介带来的流动性和福利改善？除了货币是否还有其他

---

①　作者简介：韩晗，北京大学经济学院，助理教授，研究方向：宏观经济学，货币经济学，银行，信用，支付，金融市场。

基金项目：教育部哲学社会科学研究重大课题攻关项目（18JZD029）和北京大学经济学院种子基金。

资产具有流动性？流动性对经济意味着什么？流动性资产如何影响经济中的产出和福利？哪些资产具有流动性是经济的最优选择？为什么人们接受没有内在价值的纸币？为什么资产会因流动性而增值？在承诺不完全的环境下人们为何接受信用安排？抵押品或声誉对于信用有什么作用？货币和信用如何共存？包括银行在内的金融中介有何作用？货币政策的作用是什么，具体的操作方式有哪些？这一系列基本问题重点研究货币和其他资产的流动性本质，以及信用和金融中介如何促进交易。这些问题的答案有利于学界加深对宏观经济的理解，更好地研究货币、银行、信用和金融市场等宏观热点问题。

为了研究货币等交易媒介，要对买卖双方的具体交易行为进行建模。传统的一般均衡理论显然做不到这一点。一般均衡理论中价格对买卖双方来说是外生的。家户根据价格和收入，沿着自己的预算约束线进行交易。但研究者对交易细节一无所知：研究者不知道家户和谁交易、如何交易、拿什么媒介交易，只知道交易的结果。为了克服这一缺陷、具体研究交易过程，新货币主义引入了搜寻理论。搜寻理论强调了人和人之间具体的匹配和交易，为研究货币等交易媒介提供了天然的理论平台。采用搜寻理论的另一个原因是新货币主义者希望货币、银行和信用等制度安排应该改进福利。但在传统的货币先行（Cash – in – Advance，CIA）模型、效用函数中的货币（Money – in – Utility，MIU）模型和黏性价格模型中，货币的引入降低了福利。但这显然与事实不符。下面讨论货币改进福利的模型要点。

货币改进福利需要时间和空间的分离性，也就是在特定时空，买方不能直接用劳动换取商品，从而需要交易媒介。在新货币主义模型之前，研究者多采用代际交叠（OLG）模型实现这种时空分离，如 Samuelson（1958）、Lucas（1972）和 Wallace（1980）等。自 Kiyotaki 和 Wright（1989）以后，更多研究者采用搜寻模型实现时空分离。Kocherlakota（1998）指出除了时空分离外，货币改善福利还需要考虑不完全承诺等摩擦。除了货币外，其他克服摩擦、改善福利的制度安排还包括银行、信用和金融中介等。银行改进福利的研究包括 Diamond 和 Dybvig（1983）、Diamond（1984）和 Williamson（1986，1987）；信用改进福利的研究包括 Kiyotaki 和 Moore（1997）、Kehoe 和 Levine（1993）；金融中介改进福利的研究包括 Robinstein 和 Wolinsky（1987）和 Duffie 等（2005）。笔者将在下文逐一介绍。

讲述具体文献之前，笔者强调：虽然新货币主义研究大多以家庭购买消费品为分析框架，但是这些研究可以轻易拓展到企业购买原材料或投资者购买金融资产等其他领域。本文的目的是向国内学界系统介绍新货币主义经济学，以提供新的方法论和研究视角。为此笔者在 Williamson 和 Wright（2010a，2010b）、Lagos 等（2017）等英文综述的基础上增加了最新的文献和研究进展，进一步详细阐述新货币主义经济学。

本文余下部分的结构安排如下：第二部分介绍新货币主义文献的第一代模型，即不可分的货币和不可分的商品模型。第三部分介绍新货币主义文献的第二代模型，即可分的货币和不可分的商品模型。第四部分介绍新货币主义文献的第三代模型，货币和商品都完全可分。第五部分介绍基本模型的拓展研究，包括银行、信用和金融市场等。第六部分进行总结。

二、第一代模型

笔者基于 Kiyotaki 和 Wright（1993）讲述第一代模型，该模型是对 Kiyotaki 和 Wright（1989，1991）的简化。第一代模型中商品和货币均不可分，是对 Diamond（1982）的拓展。虽然这些模型高度抽象，但是它们提供了买方卖方双边交易的理想平台。具体的设定如下：时间是连续的，经济中有无穷多个寿命无限的理性人，理性人的总测度为一。每个人遇到另一个人的泊松抵达率为 α。商品不可储存，交易时生产商品的成本为 $c > 0$。

每个人的偏好和商品具有异质性。假设两个人 i、j 相遇，i 和 j 之间有 δ 的概率互相喜欢对方商品，这种情况称为双重巧合。有 σ 的概率 i 喜欢 j 的商品但 j 不喜欢 i 的商品，这种情况称为单重巧合。单重巧合和双重巧合的概念由 Jevons（1875）引入经济学，但其思想早就存在于人类社会了。人们消费喜欢的商品会带来效用，而 u 是大于 c 的。双重巧合中人们进行物物交易，但单重巧合中物物交易行不通，需要某种支付机制促进交易的发生。货币显然是一种支付机制，但考虑货币之前，笔者先研究其他情况。

首先考虑没有支付机制，只有双重巧合才能交易。整个经济体以物易物（Barter）。这种情况下理性人的价值函数为 $rV^B = \alpha\delta(u-c)$，其中，r 为时间偏好。价值函数由交易对象的抵达率 α、交易概率 δ 和每次交易的获益 $u-c$ 决定。以物易物显然比不交易（Autarky）好：$V^B > V^A = 0$，但所有的单重巧合的交易机会都没有实现。

其次，考虑信用（Credit）这种支付机制。假设经济中的信用机制是完美的。每个人都会遵守承诺（这个假设将在接下来放宽），那么所有的单重巧合都会发生交易。理性人的价值函数为

$$rV^C = \alpha\delta(u-c) + \alpha\sigma u - \alpha\sigma c = \alpha(\delta+\sigma)(u-c) \tag{1}$$

价值由交易对象的抵达率 α、交易概率 $\delta+\sigma$ 和每次交易的获益 $u-c$ 决定。由于交易概率的扩大，信用经济比以物易物要好：$V^C > V^B$。

但承诺不完全时，笔者要检验理性人是否违约。假设违约被抓的收益为 V^D，违约者有概率 μ 被抓，那么理性人的守约条件为

$$-c + V^C \geq \mu V^D + (1-\mu)V^C \tag{2}$$

假设违约被抓时，给予理性人最严重的惩罚为将此人逐出市场（Autarky）。那么 $V^D = 0$，理性人的守约条件为

$$r \leq \hat{r}^C = \mu\alpha(\delta+\sigma)(u-c)/c \tag{3}$$

从守约条件来看，理性人遵守承诺的前提是时间偏好参数 r 足够低。人们要重视未来才能守约。或者说违约被抓的概率 μ 足够高，好的监督机制可以保证守约。监督机制不好时信用经济无法成立，这时就需要货币这种支付机制。

最后讨论货币。假设经济中有无穷多个不可分货币，货币供给的总测度为 $A < 1$。为简化模型，假设每人持有货币的数不能超过一单位（这个假设将在以后放宽）。持有货币给理性人带来 ρ 的效用。如果 $\rho > 0$，货币相当于 Lucas（1978）引入的资产卢卡斯树。如果 $\rho = 0$，货币是通常意义上的法定货币（fiat money）。如果 $\rho < 0$，货币有类似于 Kiyotaki 和

Wright（1989）实物货币的储藏成本。

根据是否持有货币，理性人会分为买方和卖方两类。持有货币者为买方，假设他的价值函数为 V_1；不持货币者为卖方，假设他的价值函数为 V_0。V_0 和 V_1 满足

$$rV_0 = \alpha\delta(u - c) + \alpha\sigma A\tau(V_1 - V_0 - c) \tag{4}$$

$$rV_1 = \alpha\delta(u - c) + \alpha\sigma(1 - A)\tau(u + V_0 - V_1) + \rho \tag{5}$$

这里 τ 是买方接受货币的概率。买方的最优反应函数为

$$\tau = \begin{cases} = 1 & if \quad V_1 - V_0 > c \\ [0,1] & if \quad V_1 - V_0 = c \\ = 0 & if \quad V_1 - V_0 < c \end{cases} \tag{6}$$

当货币为法定货币时（$\rho = 0$），$\tau = 1$ 的条件为

$$r \leqslant \hat{r}^M = \alpha\sigma(1 - A)(u - c)/c \tag{7}$$

货币均衡存在的条件是 $r \leqslant \hat{r}^M$。货币经济和信用经济的相同点是要求人们重视未来，因为获得货币的目的就是进行未来交易。但和信用不同的是，货币经济不需要监督机制。

货币经济体中人们努力获得货币的原因是他们相信别人将来会接受货币。这里没有强制要求货币作为交易媒介，人们可以放弃货币回到以物易物。但理性人不会这么做，因为货币实现了单重巧合的交易机会。换句话说，人们重视货币带来的流动性。流动性是几千年来货币带来的福利改进，Kiyotaki 和 Wright（1989，1991，1993）十分准确严谨地强调了这一点。

货币在什么情况下能改进福利？显然在信用经济体中，货币不能改进福利。监督机制足够好时人们用信用取代货币，如 $\mu = 1$ 时，$\hat{r}^C > \hat{r}^M$。但监督机制不够好时，货币能改进福利。这是 Kocherlakota（1998）的核心思想。

货币均衡显然是脆弱的，因为必定存在无货币均衡。货币的核心在于流动性。当其他人都不接受货币时流动性就消失了，经济进入无货币均衡。存在货币和无货币两种均衡时，太阳黑子均衡（Sunspot Equilibria）也可能存在。太阳黑子均衡中人们根据无关的事件决定是否接受货币。当货币是实物货币而不是法定货币（$\rho \neq 0$）时，货币均衡也可能消失。当 $\rho < 0$ 且 ρ 为非常小的负数时，人们会因为持有成本太高而拒收货币。当 $\rho > 0$ 且 ρ 为非常大的正数时，人们会囤积货币而不是拿出去消费，这是著名的格雷欣法则（Gresham's Law）。因此只有 ρ 的绝对值不够大时，货币均衡才可能存在。

第一代模型虽然简单，但是清晰地回答了货币的流动性、货币改进福利的条件、货币均衡的脆弱性等货币经济学的基本问题。但显然第一代模型有很多局限，如无法讨论价格的变化。由于第一代模型的商品和货币不可分，商品价格总是一单位货币。为了研究价格形成，笔者放宽第一代模型的限制，讲解第二代模型。

三、第二代模型

Shi（1995）与 Trejos 和 Wright（1995）等第二代模型放宽了商品不可分的假设。他们

的文章中商品定价方式是议价。双边交易中议价显然比瓦尔拉斯定价合理。其他的双边定价方式包括 Julien 等（2008）中的拍卖、Burdett 等（2017）以及 Burdett 和 Judd（1983）中的混合搜寻和价格发布、Zhu 和 Wallace（2007）中的机制设计等。第二代模型的定价机制比瓦尔拉斯定价丰富得多，这里笔者主要讨论议价。

第二代模型假设货币不可分且每人的货币持有不能超过一单位，但商品 q 可分。假设人们消费喜欢的商品获得 $u(q)$ 的效用，生产商品付出 $c(q)$ 的成本。$u(q)$ 和 $c(q)$ 满足：$u(0) = c(0) = 0$。经济中存在消费的上界 $\bar{q} > 0$，这里 $u(\bar{q}) = c(\bar{q})$。如果 $q > \bar{q}$，消费的增加不是帕累托改进。为了简化模型，假设双重巧合的概率是零且买方接受货币的概率 $\tau = 1$。那么第二代模型的价值函数为

$$rV_0 = \alpha\sigma A[\Delta - c(q)] \tag{8}$$
$$rV_1 = \alpha\sigma(1-A)[u(q) - \Delta] + \rho \tag{9}$$

其中，$\Delta = V_1 - V_0$。讨论货币均衡细节前，笔者先研究货币存在的先决条件。从第一代模型中可知：信用成立的充要条件是式（3）：$r \leq \hat{r}^c = \mu\alpha(\delta+\sigma)(u-c)/c$。货币成立的充要条件是式（7）：$r \leq \hat{r}^M = \alpha\sigma(1-A)(u-c)/c$。推广到第二代模型中，信用成立的充要条件为 $q \leq \hat{q}^c$，货币成立的充要条件是 $q \leq \hat{q}^M$。其中 $\hat{q}^c$ 和 $\hat{q}^M$ 由式（10）决定：

$$c(\hat{q}^c) = \frac{\mu\alpha\sigma u(\hat{q}^c)}{r + \mu\alpha\sigma} \text{ 和 } c(\hat{q}^M) = \frac{(1-A)\alpha\sigma u(\hat{q}^M)}{r + \alpha\sigma} \tag{10}$$

Kocherlakota（1998）指出如果监督机制好（μ 足够大），那么 $\hat{q}^c > \hat{q}^M$，信用取代了货币；如果监督机制不好（μ 足够小），人们会用货币交易。

接下来讨论消费数量 q。假设买卖双方采取 Kalai（1977）的按比例议价，买方的议价能力参数为 θ。买卖双方的交易剩余分别为 $u(q) - \Delta$ 和 $\Delta - c(q)$。那么交易需满足以下表达式：

$$\Delta = v(q) = \theta c(q) + (1-\theta)u(q) \tag{11}$$

其中，$v(q)$ 是买方向卖方支付的价值，与交易量 q 正相关。定义 $v(q)$ 为支付函数。交易量越大，买方向卖方支付的价值越高。

稳态均衡是满足式（8）、式（9）、式（11）三式的参数组合 (V_1, V_0, q)，且 q 的取值要在定义域 $[0, \bar{q}]$ 内。与第一代模型相似，第二代模型的货币均衡也是脆弱的。存在无货币均衡和太阳黑子均衡。但与第一代模型不同的是，某些参数下第二代模型存在多重货币均衡。卖方定价低时买方会接受，因为买方有较大的消费者剩余。卖方定价高时买方也会接受，因为买方消费后就变成了卖方，将来可以获得较大的生产者剩余。

接下来讨论如何最大化货币均衡的福利。这里主要看买方的议价能力 θ 和货币存量 A 两个参数。相对于第一代模型只考虑交易概率，第二代模型还考虑交易数量。显然，最优交易量 q^* 满足 $u'(q^*) = c'(q^*)$。这里首先讨论议价能力 θ 的福利影响。对于 $\rho = 0$ 的法定货币，当 r 不太大时存在 $\theta^* \leq 1$ 使 $q = q^*$；当 r 比较大时 $\theta = 1$ 会最大化福利，但 $q < q^*$。这个结果验证了搜寻理论福利讨论的经典文献 Mortensen（1982）和 Hosios（1990）。其次讨论货币存量 A 的福利影响。第一代模型中最大化福利的货币存量是 $A^* = 1/2$；因为买方卖方数目相当时交易概率最高。但第二代模型除了考虑交易概率，还要考

虑交易数量 q。如果 $A=1/2$ 时 $q<q^*$，那么最优的货币存量应满足 $A^*<1/2$。

第二代模型还有其他应用。Cavalcanti 和 Wallace（1999a、1999b）利用第二代模型讨论银行。他们设定经济中有两组人：一组人没有信息摩擦，在严格的监督下交易；另一组人没有监督。所有人可以发行货币，但显然被监督人的货币才会在市场上流通。他们用这个模型比较了银行内部票据和法定货币的区别。

第二代模型还和中间商理论相关。货币和中间商都是克服市场摩擦的机制。研究摩擦市场中间商的重要文献为 Rubinstein 和 Wolinsky（1987）。他们有类似于第二代模型的假设：中间商持有的商品数目不能超出一单位。他们指出中间商会因为匹配技术好而改进福利。Rubinstein 和 Wolinsky（1987）有很多延伸，其中比较重要的是 Nosal 等（2019）。他们证明了商品市场的中间商模型存在唯一均衡，而资产市场的中间商模型存在多重均衡。

第二代模型还与场外交易金融市场（Over – the – Counter Financial Markets）模型相关。Duffie 等（2005）是研究场外交易金融市场的重要文献。他们假设资产不可分且投资者的资产持有数不能超过一单位。投资者对资产有不同的偏好。更喜欢资产的投资者会从不太喜欢资产的投资者那里购入资产，资产定价由议价决定。在 Duffie 等（2005）中购买资产的交易媒介不是货币。Trejos 和 Wright（2016）在场外交易市场中引入货币作为资产的交易媒介。发现货币导致均衡结果更加丰富，出现了资产泡沫、市场崩溃等多种有趣现象。

以上就是第二代模型在货币、银行和金融市场领域的多种应用。第二代模型详细讨论了定价机制，但仍有货币不可分的局限，下面笔者讨论货币商品均可分的第三代模型。

四、第三代模型

第三代模型货币或商品均可分，放宽了人们最多持有一单位货币的上限。自然地，经济中会出现货币分布。假定 F（a）是货币的累积分布函数，如何处理货币分布是研究的关键。一种方法是进行数值分析和计算机计算。Molico（2006）是这方面的经典文献，他假设货币持有量的定义域为 $[0，\infty)$。货币增长速度恒定，政府通过对家户的转移支付注入货币。交易中买方卖方通过议价决定交易数量和价格。议价结果与买卖双方的货币持有量有关。在 Molico（2006）中，均衡除了最大化价值函数和议价剩余外，还要有稳定的货币分布 F（a）。在 Molico（2006）的基础上，Chiu 和 Molico（2010，2011）与 Molico 和 Zhang（2006）进行了计算方法的拓展。其中 Chiu 和 Molico（2010）强调了市场分割的影响，研究了不确定经济体中通胀对福利的影响；Molico 和 Zhang（2006）则引入了资本，并计算货币和资本的联合分布。另两篇重要相关文献是 Chiu 和 Molico（2014）与 Jin 和 Zhu（2019）。这些文章在分析货币分布的稳态以外，还研究了货币分布的动态。

除了数值计算，另一种处理货币分布的方法是引入机制消除分布。Shi（1997）为此引入了家庭。他假设经济中有无数个家庭，每个家庭中有无数个成员。成员期初外出花钱或赚钱，期末回家平分货币从而消除分布。Menzio 等（2013）采用了定向搜寻。他们指出，在买方不够耐心、卖方可以自由进入市场时的某些参数下可以消除货币分布。此外，Lagos 和 Wright（2005）通过市场分割和特定的效用函数消除了货币分布。Lagos 和 Wright

（2005）的模型应用广泛，是这里介绍的重点。

Lagos 和 Wright（2005）研究指出，时间是离散的，β 为折现率。每一期的市场分为分散市场和集中市场两个子市场。分散市场有不完全承诺和搜寻匹配等摩擦，需要货币充当交易媒介。分散市场的商品为 q，它的消费效用和生产成本与第二代模型相同。集中市场的商品为 x，它由集中市场的劳动力（l）一对一转化。买方的效用函数为 $U(x)-l+u(q)$，卖方的效用函数为 $U(x)-l-c(q)$。这里买方卖方的效用函数是拟线性的，这是消除货币分布的关键。假设集中市场的价值函数为 $W(a)$，下一期分散市场的价值函数为 $V_{+1}(a)$，则 $W(a)$ 满足

$$W(a) = \max_{x,l,\hat{a}}\{U(x) - l + \beta V_{+1}(\hat{a})\} \tag{12}$$
$$\text{s.t.} \quad x + \varphi\hat{a} = (\varphi + \rho)a + l + T$$

其中，a 和 $\hat{a}$ 是集中市场开始和关闭时的货币持有量，φ 是以 x 计价的货币价格，ρ 是持有货币带来的效用（对于法定货币 $\rho=0$），T 是转移支付。政府通过转移支付注入货币。将预算约束式代入 $W(a)$ 并消去 l，则有

$$W(a) = (\varphi + \rho)a + T + \max_x\{U(x) - x\} + \max_{\hat{a}}\{-\varphi\hat{a} + \beta V_{+1}(\hat{a})\} \tag{13}$$

由式（13）可见 $W(a)$ 是 a 的线性函数。$\hat{a}$ 和 a 无关，货币分布因此被消去了。

接下来看分散市场的均衡结果，它与参数 ρA 有关。如果 $\rho>0$ 且 ρA 足够大，所有的流动性需要会被满足。资产价格为基础价格：$\varphi=\beta\rho/(1-\beta)$。如果 ρA 不够大则流动性在经济中是稀缺的。这里主要考虑流动性稀缺这种更有趣的情况。假设分散市场的定价机制由支付函数 $v(q)$ 决定。那么下一期的消费量满足 $v(q_{+1})=(\varphi_{+1}+\rho)\hat{a}$。分散市场的价值函数为

$$V_{+1}(\hat{a}) = W_{+1}(\hat{a}) + \alpha\sigma[u(q_{+1}) - v(q_{+1})] + \alpha\sigma[v(Q_{+1}) - c(Q_{+1})] \tag{14}$$

其中，Q_{+1} 是家户卖出的商品数量，它显然与 $\hat{a}$ 无关。对于 $V_{+1}(\hat{a})$ 求一阶导数并代入 $\beta V_{+1}(\hat{a})=\varphi$，会有以下欧拉方程：

$$\varphi = \beta\{W'_{+1}(\hat{a}) + \alpha\sigma[u'(q_{+1}) - v'(q_{+1})]\frac{\partial q_{+1}}{\partial\hat{a}}\}$$
$$= \beta(\varphi_{+1} + \rho)\{1 + \alpha\sigma[\frac{u'(q_{+1})}{v'(q_{+1})} - 1]\} \tag{15}$$

其中，$\lambda(q)=\dfrac{u'(q)}{v'(q)}-1$ 是货币的流动性溢价，也是货币支付量 $d\leqslant\hat{a}$ 的拉格朗日乘子。式（15）简化为

$$\varphi = \beta(\varphi_{+1} + \rho)[1 + \alpha\sigma\lambda(q_{+1})] \tag{16}$$

对于法定货币 $\rho=0$，定义 $z=\varphi A$ 为真实货币量。将式（16）两侧均乘以 A，则有

$$z = \beta\frac{z_{+1}}{1 + \pi}[1 + \alpha\sigma\lambda(q_{+1})] \tag{17}$$

式（17）是真实货币量 z 的动态方程。Ferraris 和 Watanabe（2011）与 Rocheteau 和 Wright（2013）研究了真实货币量的动态均衡，指出货币经济存在两周期、三周期和多周

期的波动均衡（Cyclical Equilibria）乃至无穷周期的混沌均衡（Chaotic Equilibria）。这里重点介绍 Gu 和 Wright（2016）中的单一稳态均衡。稳态均衡中，$z = z_{+1}$。定义真实利率 r 满足 $1 + r = 1/\beta$，根据费雪恒等式真实利率 i 满足 $1 + i = (1 + r)(1 + \pi)$。则式（17）转化为

$$i = \alpha\sigma\lambda(q) \tag{18}$$

从式（18）可以看出，名义利率或通货膨胀率和交易量 q 相关。Gu 和 Wright（2016）证明了名义利率和 q 有一对一的对应关系。此外 q 与交易概率 $\alpha\sigma$ 相关。流动性溢价 $\lambda(q)$ 取决于支付函数 $v(q)$ 代表的定价机制。这些结果都有丰富的经济学含义。

第三代模型的福利分析如下。如果定价机制是 Kalai（1977）的按比例议价，那么所谓的弗里德曼法则，即名义利率 $i = 0$ 可以保证福利最大化：$q = q^*$。但如果定价机制是 Nash 议价，那么仅仅有弗里德曼法则不能保证 $q = q^*$，必须加上 Hosios（1990）中的买方议价参数 $\theta = 1$ 的条件。如果定价机制是 Hu 等（2009）的机制设计，则 $q = q^*$ 会在 $i > 0$ 但 i 不太大时实现。第三代模型重新计算了通货膨胀的福利损失。在过去不考虑市场摩擦的瓦尔拉斯定价模型中（Lucas，2000），人们愿意为降低 10% 的通胀放弃 0.5% 的消费。在他们的模型中，通胀的福利损失是不大的，但在引入搜寻匹配摩擦的 Lagos 和 Wright（2005）中，人们愿意为降低 10% 的通胀放弃 5% 的消费。通胀损失扩大了十倍。李哲和赵伟（2014）在第三代模型中引入了信用和货币两种支付手段，并通过数据模拟显示中国通胀的福利损失随着信用交易的增加而减小。第三代模型不仅是重要的理论突破，也有重要的实证意义。

五、新货币主义模型的应用和延伸

下面讨论新货币主义基本模型的应用和延伸①。除法定货币外，其他资产也可以充当交易媒介。Geromichalos 等（2007）讨论了卢卡斯树作为交易媒介，他们设定卢卡斯树的供给固定，流动性需求导致卢卡斯树的价格高于基础价格。Lagos 和 Rocheteau（2008）研究了资本作为交易媒介，指出在资本供给完全弹性的条件下，流动性需求会使资本过度积累。He 等（2015）指出房产具有流动性，房产供给既不是固定的，也不是完全弹性的。房产供给会随价格的上升而增加。此外债券也具有流动性，Rocheteau 等（2018）和 Williamson（2012）作了这方面的研究。他们指出债券供给会和房产一样随着价格的增加而上升。

另一篇新货币主义的重要文献是 Rocheteau 和 Wright（2005），它和 Lagos 和 Wright（2005）一样提供了重要的基础模型。在 Lagos 和 Wright（2005）的研究中，买方卖方的身份不是固定的。买卖双方的身份由随机搜寻遇到的匹配对象决定，定价机制是议价。在 Rocheteau 和 Wright（2005）的研究中买卖双方的身份是固定的，搜寻方式是定向搜寻。

---

① 除了本文讨论的文献外，更多新货币主义的应用和延伸详见 Williamson 和 Wright（2010a）、Williamson 和 Wright（2010b）、Lagos 等（2017）、Rocheteau 和 Nosal（2017）、Gu 等（2019）和彭涛（2015）等综述。

定价机制除了议价外，还有价格公布。Rocheteau 和 Wright（2005）的研究中形成买方卖方的双边市场，而不像 Lagos 和 Wright（2005）的研究中家户的单边市场。因此 Rocheteau 和 Wright（2005）能够讨论市场紧张程度（买方卖方比例）对交易概率的影响。从这个角度看，Rocheteau 和 Wright（2005）的研究是对 Lagos 和 Wright（2005）的拓展，就像 Pissarides（2000）的双边市场是对 Diamond（1982）单边市场的拓展一样。

还有研究假设资本是单纯的生产要素，不能和其他资产一样充当交易媒介。Aruoba 等（2011）和 Aruoba（2011）研究了这种情况下货币和资本并存对经济增长和商业周期的影响。此外 Aruoba 和 Chugh（2008）研究了这种情况下的最优的货币和财政政策组合，指出新货币主义模型下的最优货币政策不同于传统的 CIA 模型或 MIU 模型。传统模型中即使有资本税等其他扭曲性措施，最优的货币政策仍是弗里德曼法则。但在新货币主义模型中，资本税等扭曲措施使弗里德曼法则不是最优的。这些发现指出了微观基础对宏观经济研究的重要性。

也有很多新货币主义文献研究关注失业。这些研究将有摩擦的商品市场和就业市场结合起来。Berentsen 等（2011）是其中的代表性文献。他们将 Mortensen 和 Pissarides（1994）的有摩擦的劳动力市场嵌入 Lagos 和 Wright（2005）模型中，重新研究了菲尔普斯曲线。他们指出美国的长期菲尔普斯曲线的斜率是正的，更高的通胀会带来更多的失业。

新货币主义也给出了黏性价格的新解释。Head 等（2012）将分散市场设定为 Burdett 和 Judd（1983）的交易机制：厂商先公布价格，家户不会看到所有价格，会随机得到零个、一个或多于一个厂商的价格信息。家户根据自己掌握的信息决定从哪个厂商购买。如果家户收到多个厂商的信息，会选择最低的价格进行购买。Burdett 和 Judd（1983）的交易机制导致内生的价格分布，在名义价格定义域 $[\underline{p}, \overline{p}]$ 上的每个价格能给厂商相同的利润。原因是价格高则交易概率小，价格低则交易概率大。在这种价格分布下，一部分厂商在通胀时可以保持名义价格不变。交易概率的增加弥补了真实价格的下降。这个新货币主义模型给出了价格黏性的新解释，但其政策建议和凯恩斯模型截然不同。

此外也有文献在新货币主义模型中引入凯恩斯模型的设定。Aruoba 和 Schorfheide（2011）研究了价格黏性下的新货币主义模型，指出最优的货币政策应该在零通胀和零利率（弗里德曼法则）之间。Craig 和 Rocheteau（2008）在新货币主义模型中加入了菜单成本，指出最优货币政策在零通胀和零利率之间，并指出菜单成本不是温和的通胀会增加福利的原因。

还有文献关注货币和信用的共存，如 Lotz 和 Zhang（2013）与 Gu 等（2016）等文献。为了引入信用，传统文献中需要抵押品（Kiyotaki 和 Moore，1997）或声誉（Kehoe 和 Levine，1993）作为支撑。Lotz 和 Zhang（2013）与 Gu 等（2016）采用声誉作为信用的支撑。采用抵押品支撑信用的文献也有很多。Lagos（2011）指出资产作为抵押品的 Kiyotaki - Moore 模型和资产作为支付手段的 Kiyotaki - Wright 模型在数学上是基本等价的。

新货币主义研究也关注多种资产充当流动性。Lester 等（2012）是其中的重要文献。他们指出在有监督而没有信息摩擦的环境中，人们不用担心资产造假，接受货币在内的多种资产。在有信息摩擦的环境中,人们因担心资产质量而只接受货币作为支付手段。

下面笔者介绍新货币主义的银行研究。银行和货币一样,是一种克服市场摩擦的机制。Gu 等(2013)指出,银行的重要职能是克服承诺不完全摩擦。银行的违约风险低,原因是它们信息更透明、有更大的概率被监督、更看重未来。家户因此信任银行,愿意让银行保管自己的财物。Huang(2016)对 Gu 等(2013)的模型进行了拓展,内生了监督银行的概率。指出监督机制的规模效应决定了银行的数量和大小,银行要有丰厚的利润保证他们不会监守自盗。此外有文献指出银行的职能包括保证资产的安全性。He 等(2005)指出人们可以将货币存入银行以防止失窃,因此货币和银行具有互补性。He 等(2008)假设货币有失窃风险而银行存款不会,以此为基础讨论了货币和银行活期存款同为支付手段的可能性。

Berentsen 等(2007)研究了银行的流动性配置。在他们的设定中,家户会在集中市场结束后受到偏好冲击。根据冲击的不同,有些人决定在分散市场消费而其他人不消费。消费者成为借款方,其他人成为贷款方。由于借贷双方缺乏信任,银行充当了借贷媒介。完成借贷后消费者进入分散市场,银行的作用是进行流动性配置。这与 Diamond 和 Dybvig(1983)研究中的流动性保险类似。Chiu 和 Meh(2011)采用另一种方式阐释银行的流动性配置。他们假设家户在分散市场交易时求助于银行。Chiu 等(2017)指出了银行在流动性配置中会影响议价。如果卖方售价过高,买方可以将钱存入银行,银行通过给予买方更多的外部选择权以影响产出和福利。

六、总结

新货币主义文献涉及货币、银行、信用和金融市场各个方面。本文通过对三代新货币主义经典模型的梳理,提供了研究流动性的统一框架,并介绍了经典文献的延伸和拓展。提供流动性的资产不仅包括货币,还包括卢卡斯树、房产、债券等。新货币主义重视宏观研究的微观基础,强调货币、银行和信用等制度安排克服市场摩擦、改进社会福利。本文力求为进一步研究实体经济和金融市场摩擦打好基础,具有很强的理论、实证和政策意义,希望抛砖引玉,为国内外学者提供新的研究视角和分析工具。

参考文献

[1] 李哲,赵伟. 信用交易与通货膨胀的福利损失——基于货币搜寻理论的视角 [J]. 经济研究,2014(10):4-18.

[2] 彭涛. 以搜寻为基础的货币理论研究进展 [J]. 经济学动态,2015(3):115-124.

[3] Aruoba S B. Money, Search and Business Cycles [J]. International Economic Review, 2011 (52): 935-959.

[4] Aruoba S B, Chugh S. Optimal Fiscal and Monetary Policy when Money Is Essential [J]. Journal of Economic Theory, 2008(45):1618-1647.

[5] Aruoba S B, Schorfheide F. Sticky Prices vs Monetary Frictions: An Estimation of Policy Tradeoffs

[J]. American Economic Journal: Macroeconomics, 2011 (3): 60 – 90.

[6] Aruoba S B, Waller C, Wright R. Money and Capital [J]. Journal of Monetary Economics, 2011 (58): 98 – 116.

[7] Berentsen A, Camera G, Waller C. Money, Credit, and Banking [J]. Journal of Economic Theory, 2007 (135): 171 – 195.

[8] Berentsen A, Menzio G, Wright R. Inflation and Unemployment in the Long Run [J]. American Economic Review, 2011 (101): 371 – 398.

[9] Burdett K, Judd K. Equilibrium Price Dispersion [J]. Econometrica, 1983 (51): 955 – 969.

[10] Burdett K, Trejos A, Wright R. A New Suggestion for Simplifying the Theory of Money [J]. Journal of Economic Theory, 2017 (172): 423 – 450.

[11] Cavalcanti R, Wallace N. Inside and Outside Money as Alternative Media of Exchange [J]. Journal of Money, Credit, and Banking, 1999 (31): 443 – 457.

[12] Cavalcanti R, Wallace N. A Model of Private Banknote Issue [J]. Review of Economic Dynamics, 1999 (2): 104 – 136.

[13] Chiu J, Meh C. Financial Intermediation, Liquidity and Inflation [J]. Macroeconomic Dynamics, 2011 (15): 83 – 118.

[14] Chiu J, Meh C, Wright R. Innovation and Growth with Financial, and Other, Frictions [J]. International Economic Review, 2017 (58): 95 – 125.

[15] Chiu J, Molico M. Endogenously Segmented Markets in a Search Theoretic Model of Monetary Exchange [J]. Journal of Monetary Economics, 2010 (57): 428 – 438.

[16] Chiu J, Molico M. Uncertainty, Inflation, and Welfare [J]. Journal of Money, Credit, and Banking, 2011 (43): 487 – 512.

[17] Chiu J, Molico M. Short – run Dynamics in a Search – theoretic Model of Monetary Exchange [J]. Unpublished manuscript, 2014.

[18] Craig B, Rocheteau G. State – dependent Pricing, Inflation, and Welfare in Search Economies [J]. European Economic Review, 2008 (52): 441 – 468.

[19] Diamond D. Financial Intermediation and Delegated Monitoring [J]. Review of Economic Studies, 1984 (51): 393 – 414.

[20] Diamond D, Dybvig P. Bank Runs, Deposit Insurance, and Liquidity. Journal of Political Economy, 1983 (91): 401 – 419.

[21] Diamond P. Aggregate Demand Management in Search Equilibrium [J]. Journal of Political Economy, 1982 (90): 881 – 894.

[22] Duffie D, Gârleanu N, Pederson L H. Over – the – counter Markets [J]. Econometrica, 2005 (73): 1815 – 1847.

[23] Ferraris L, Watanabe M. Collateral Fluctuations in a Monetary Economy [J]. Journal of Economic Theory, 2011 (146): 1915 – 1940.

[24] Geromichalos A, Licari J M, Suárez – Lledó J. Asset Prices and Monetary Policy [J]. Review of Economic Dynamics, 2007 (10): 761 – 779.

[25] Gu C, Han H, Wright R. New Monetarist Economics [J]. Oxford Research Encyclopedia of Economics and Finance. DOI: 10. 1093/acrefore/9780190625979. 013. 397, 2019.

［26］Gu C, Mattesini F, Monnet C, Wright R. Banking: A New Monetarist Approach ［J］. Review of Economic Studies, 2013 （80）: 636 – 662.

［27］Gu C, Mattesini F, Wright R. Money and Credit Redux ［J］. Econometrica, 2016 （84）: 1 – 32.

［28］Gu C, Wright R. Monetary Mechanisms ［J］. Journal of Economic Theory, 2016 （163）: 644 – 657.

［29］He P, Huang L, Wright R. Money and Banking in Search Equilibrium ［J］. International Economic Review, 2005 （46）: 637 – 670.

［30］He P, Huang L, Wright R. Money, Banking, and Monetary Policy ［J］. Journal of Monetary Economics, 2008 （55）: 1013 – 1024.

［31］He C, Wright R, Zhu Y. Housing and Liquidity ［J］. Review of Economic Dynamics, 2015 （18）: 435 – 455.

［32］Head A, Liu L Q, Menzio G, Wright R. Sticky Prices: A New Monetarist Approach ［J］. Journal of the European Economics Association, 2012 （10）: 939 – 973.

［33］Hosios A J. On the Efficiency of Matching and Related Models of Search and Unemployment ［J］. Review of Economic Studies, 1990 （57）: 279 – 298.

［34］Hu T – W, Kennan J, Wallace N. Coalition – proof Trade and the Friedman Rule in the Lagos – Wright Model ［J］. Journal of Political Economy, 2009 （117）: 116 – 137.

［35］Huang A K. On the Number and Size of Banks: Efficiency and Equilibrium ［Z］. Unpublished Manuscript, 2016.

［36］Jevons W S. Money and the Mechanism of Exchange ［Z］. New York: Appleton, 1875.

［37］Jin G, Zhu T. Nonneutrality of Money in Dispersion: Hume Revisited ［J］. International Economic Review, 2019 （60）: 1329 – 1353.

［38］Julien B, Kennes J, King I. Bidding for Money ［J］. Journal of Economic Theory, 2008 （142）: 196 – 217.

［39］Kalai E. Proportional Solutions to Bargaining Situations: Interpersonal Utility Comparisons ［J］. Econometrica, 1977 （45）: 1623 – 1630.

［40］Kehoe T, Levine D. Debt – constrained Asset Markets ［J］. Review of Economic Studies, 1993 （60）: 865 – 888.

［41］Kiyotaki N, Moore J. Credit Cycles ［J］. Journal of Political Economy, 1997 （105）: 211 – 248.

［42］Kiyotaki N, Wright R. On Money as a Medium of Exchange ［J］. Journal of Political Economy, 1989 （97）: 927 – 954.

［43］Kiyotaki N, Wright R. A Contribution to the Pure Theory of Money ［J］. Journal of Economic Theory, 1991 （53）: 215 – 235.

［44］Kiyotaki N, Wright R. A Search – theoretic Approach to Monetary Economics ［J］. American Economic Review, 1993 （83）: 63 – 77.

［45］Kocherlakota N. Money Is Memory ［J］. Journal of Economic Theory, 1998 （81）: 232 – 251.

［46］Lagos R. Asset Prices, Liquidity, and Monetary Policy in an Exchange Economy ［J］. Journal of Money, Credit, and Banking, 2011 （43）: 521 – 552.

［47］Lagos R, Rocheteau G. Money and Capital as Competing Media of Exchange ［J］. Journal of Economic Theory, 2008 (142): 247 – 258.

[48] Lagos R, Rocheteau G, Wright R. Liquidity: A New Monetarist Perspective [J]. Journal of Economic Literature, 2017 (55): 371 – 440.

[49] Lagos R, Wright R. A Unified Framework for Monetary Theory and Policy Analysis [J]. Journal of Political Economy, 2005 (113): 463 – 444.

[50] Lester B, Postlewaite A, Wright R. Liquidity, Information, Asset Prices and Monetary Policy [J]. Review of Economic Studies, 2012 (79): 1209 – 1238.

[51] Lotz S, Zhang C. The Coexistence of Money and Credit as Means of Payment [J]. Journal of Economic Theory, 2013 (164): 68 – 100.

[52] Lucas R E. Expectations and the Neutrality of Money. Journal of Economic Theory, 1972 (4): 103 – 124.

[53] Lucas R E. Asset Prices in an Exchange Economy [J]. Econometrica, 1978 (46): 1426 – 1445.

[54] Lucas R E. Inflation and Welfare [J]. Econometrica, 2000 (68): 247 – 274.

[55] Menzio G, Shi S, Sun H. A Monetary Theory with Non – degenerate Distributions [J]. Journal of Economic Theory, 2013 (149): 2266 – 2312.

[56] Molico M. The Distribution of Money and Prices in Search Equilibrium [J]. International Economic Review, 2006 (47): 701 – 722.

[57] Molico M, Zhang Y. Monetary Policy and the Distribution of Money and Capital [J]. Computing in Economics and Finance, 2006 (136): 1 – 31.

[58] Mortensen D. Property Rights and Efficiency in Mating, Racing, and Related Games [J]. American Economic Review, 1982 (72): 968 – 979.

[59] Mortensen C, Pissarides C. Job Creation and Job Destruction in the Theory of Unemployment [J]. Review of Economic Studies, 1994 (61): 397 – 416.

[60] Nosal E, Wong Y – Y, Wright R. Intermediation in Markets for Goods and Markets for Assets [J]. Journal of Economic Theory, 2019 (183): 876 – 906.

[61] Pissarides C. Equilibrium Unemployment Theory [M]. Cambridge, MA: MIT Press, 2000.

[62] Rocheteau G, Nosal E. Money, Payment, and Liquidity [M]. Cambridge, MA: MIT Press, 2017.

[63] Rocheteau G, Wright R. Money in Search Equilibrium, in Competitive Equilibrium, and in Competitive Search Equilibrium [J]. Econometrica, 2005 (73): 175 – 202.

[64] Rocheteau G, Wright R. Liquidity and Asset Market Dynamics [J]. Journal of Monetary Economics, 2013 (60): 275 – 294.

[65] Rocheteau G, Wright R, Xiao S. Open Market Operations [J]. Journal of Monetary Economics, 2018 (98): 114 – 128.

[66] Rubinstein A, Wolinsky A. Middlemen [J]. Quarterly Journal of Economics, 1987 (102): 581 – 593.

[67] Samuelson P A. An Exact Consumption – loan Model of Interest with or without the Social Contrivance of Money [J]. Journal of Political Economy, 1958 (66): 467 – 482.

[68] Shi S. Money and Prices: A Model of Search and Bargaining [J]. Journal of Economic Theory,

1995 (67): 467 – 496.

[69] Shi S. A Divisible Model of Fiat Money [J]. Econometrica, 1997 (65): 75 – 102.

[70] Trejos A, Wright R. Search, Bargaining, Money, and Prices [J]. Journal of Political Economy, 1995 (103): 118 – 141.

[71] Trejos A, Wright R. Search – based Models of Money and Finance: An Integrated Approach [J]. Journal of Economic Theory, 2016 (164): 10 – 31.

[72] Wallace N. The Overlapping Generations Model of Fiat Money [Z]. In John Kareken & Wallace, N. (Eds.), Models of Monetary Economies. Minneapolis: Federal Reserve Bank, 1980.

[73] Williamson S. Costly Monitoring, Financial Intermediation and Equilibrium Credit Rationing [J]. Journal of Monetary Economics, 1986 (18): 159 – 179.

[74] Williamson S. Financial Intermediation, Business Failures, and Real Business Cycles [J]. Journal of Political Economy, 1987 (95): 1196 – 1216.

[75] Williamson S. Liquidity, Monetary Policy, and the Financial Crisis: A New Monetarist Approach [J]. American Economic Review, 2012 (102): 2570 – 2605.

[76] Williamson S, Wright R. New Monetarist Economics: Methods [M]. St. Louis: Federal Reserve Bank, 2010a.

[77] Williamson S, Wright R. New Monetarist Economics: Models [M]. B. M. Friedman M. Woodford (Eds.), Handbook of Monetary Economics, Vol. 2. Amsterdam: North – Holland, 2010b.

[78] Zhu T, Wallace N. Pairwise Trade and Coexistence of Money and Higher – return Assets [J]. Journal of Economic Theory, 2007 (133): 524 – 535.

Research Progress in New Monetarist Economics

Han Han

(*School of Economics*, *Peking University*, *Beijing* 100871, *China*)

Abstract: This paper summarizes the latest research progress of new monetarist economics. New monetarist economics has made great progress in the past 30 years. Compared with the traditional monetarism and the old and new Keynesian economics, the new monetarism economics emphasizes more on the micro foundation of the macro – economy, and focuses on how to overcome the frictions such as search, asymmetric information and limited commitment. This paper will introduce three generations of new monetarism classic models and their extensions and applications. We hope to provide researchers with a new research perspective and theoretical framework.

Keywords: New monetarist economics; Money; Banking; Credit; Financial markets

《金融科学》征稿启事

　　《金融科学》系对外经济贸易大学金融学院主办的学术交流平台。以兼容中西的战略思维与严谨求实的学术精神为指导，《金融科学》重点研究中西方金融理论和实践、金融改革、金融市场等领域的前沿问题。

　　编辑部热忱欢迎专家、学者以及广大金融从业人员踊跃投稿。投稿文章应紧密围绕金融领域的重点、难点问题，论证严密，方法科学，并符合相关要求和学术规范。编辑部欢迎基于扎实数据分析与理论模型的高质量稿件，也欢迎有较强思想性同时行文规范的高质量稿件。

作品要求：

　　1. 稿件要求选题新颖、积极健康、表述鲜明、具有一定的学术交流价值。

　　2. 作者确保稿件不涉及保密、署名无争议，文责自负。编辑部有权对来稿进行必要的删改，如不同意删改者，请在投稿时说明。因编辑部工作量较大，请作者自留底稿，恕不退稿。

　　3. 文章标题应简明、确切、概括文章要旨，一般不超过20字，必要时可加副标题。投稿请单附一页，注明作者姓名、性别、出生日期、单位、职称、研究方向，及联系地址、邮编、电话、传真、电子邮箱。如为基金资助项目应加以注明，并提供项目名称和编号。

　　4. 来稿最低不少于8000字。文内计量单位、数字和年代表示等请采用国际标准或按国家规定书写，如有引文请注明出处。

　　5. 编辑部对稿件的初审周期为3个月。通过初审后，编辑部会及时和作者联系（电子邮件）。3个月内编辑部未和作者联系的稿件，作者可自行处理，编辑部不再通知。

　　6. 《金融科学》所有文章已被同方知网全文收录。所有投稿论文如被录用，均视为同意在同方知网上刊发；如有特殊要求，请在投稿中标明。

投稿方式：

　　1. 来稿请首选 E–mail，请通过电子邮箱将论文电子版（Word 格式）发送至 jinrongkexue@ uibe. edu. cn，并在邮件标题上注明"投稿"字样和作者姓名及文章标题。

　　2. 网上投稿。通过《金融科学》网站投稿，网站为 jrkx. cbpt. cnki. net。

稿费：

　　为激励高质量论文向《金融科学》投稿，编辑部不收取任何审稿费和版面费，所有录用文章将视情况发放高额稿费。

邮寄地址：

　　北京市朝阳区惠新东街10号对外经济贸易大学博学楼710室《金融科学》编辑部，邮编100029。